스스로 살아가는 힘

스스로 살아가는 힘

내가 선택하고 결정하는 인생법

문요한 지음

더난출판

스스로 살아가는 힘

ⓒ 2014, 문요한

초판 1쇄 발행 2014년 4월 2일
초판 7쇄 발행 2019년 4월 25일

지은이 문요한
펴낸이 신경렬

편집장 송상미
마케팅 장현기 · 정우연 · 정혜민
디자인 이승욱
경영기획 김정숙 · 김태희
제작 유수경

펴낸곳 (주)더난콘텐츠그룹
출판등록 2011년 6월 2일 제2011-000158호
주소 04043 서울시 마포구 양화로12길 16, 7층(서교동, 더난빌딩)
전화 (02)325-2525 | **팩스** (02)325-9007
이메일 book@thenanbiz.com | **홈페이지** www.thenanbiz.com

ISBN 978-89-8405-744-9 13320

"내 속에서 솟아 나오려는 것,
바로 그것을 나는 살아보려고 했다.
왜 그것이 그토록 어려웠을까."

-헤르만 헤세,《데미안》중에서

인생의 차이를 만드는 자율성

스무 살, 대학 입학과 함께 나에게 찾아온 봄은 온통 잿빛이었다. 친구들은 모두 서울로 떠났고 나는 심하게 외로움을 탔다. 연일 피 흘리는 시위를 보면서 내가 가지고 있던 생각이 송두리째 흔들렸다. 게다가 학교생활이나 인간관계를 어떻게 해야 할지 막막하기만 했다. 대학에서는 옳은 것이 무엇인지 스스로 판단해야 했고, 뭐든지 알아서 하지 않으면 안 되었다. 나는 갑작스럽게 찾아온 자유가 오히려 불편하고 혼란스러웠다. 무엇을 해야 할지 몰라 그 봄 내내 멀미를 했다. 어지럽고 울렁거렸다. 인생이 편안한 포장도로에서 갑자기 비포장도로로 바뀌어버린 것 같았다.

스무 살 봄에 시작한 삶의 멀미는 쉽게 사라지지 않았다. 끊임없이 뭔가를 찾아다니고 남들을 쫓아 열심히 살았지만 삶은 늘 어지럽기만 했다. 좀처럼 포장도로로는 나오지 않았다. 그러다가 30대 후반이 되었고 멀미가 사라지지 않는 이유를 알게 되었다. 명색이 정신과 의사였지만 그제야 내 인생의 운전대를 내가 잡고 있지 않다는 사실을 깨달은 것이다. 더 엉뚱한 곳으로 가기 전에 운전대를 내가 잡아야 했다.

뒤늦은 자각인 만큼 바로 행동으로 옮겼다. 누군가의 의견을 먼저 묻는 습관을 버리고 내 생각이 무엇인지부터 물었다. 나는 작은 결정부터 하나하나 스스로 선택했다. 그리고 자신에게 묻기 시작했다. '내가 원하는 삶은 무엇인가?'

난생처음 어디로 가야 할지를 스스로 고민하기 시작했다. 처음에는 막막했지만 계속 질문을 던지자 조금씩 길이 보였다. 나는 조마조마한 마음으로 운전대를 잡았다. 사고를 내기도 하고 길을 잃고 헤매기도 했지만 내가 삶을 이끌어가고 있다는 느낌이 참 좋았다. 직접 운전하는 묘미를 느낀 것이다. 시간이 지나면서 위험은 충분히 피할 수 있었고 주변의 풍경도 즐길 수 있었다. 어느 순간 멀미에서 벗어난 나를 발견할 수 있었다.

상담을 하다 보면 예전의 나처럼 삶의 멀미로 힘들어하는 사람들을 많이 만난다. 그도 그럴 것이 세상이 너무 빨리 변하고 있고 개인에게 보다 많은 자유와 결정권이 주어졌기 때문이다. 어찌 보면 원하는 대로 삶을 살 수 있는 가장 좋은 시대가 열린 것이지만, 한편으로는 스스로 모든 것을 다 책임져야 하는 가장 힘든 시대가 된 셈이다. 그래서 원하는 삶은커녕 '내가 내 삶을 잘 꾸려갈 수 있을지조차 모르겠어요'라는 사람들이 점점 많아지고 있다. 스스로 살아갈 준비가 안 된 사람들에게 자유란 혼란과 두려움이다. 결국 무질서나 방종으로 치닫거나 회피와 의존으로 이어지고 만다. 그러나 누구에게 의지한다고 될 일인가? 선택을 언제까지 피할 수 있는가? 설사 누군가에게 의지하고 선택을 피할 수 있다고 하더라도 그리하면 스트레스를 안 받을까? 그렇지 않다. 인간에게는 본성적으로 자율성의 욕구가 있기 때문에 피하고 의지할수록 점점 힘들어질 수밖에 없다.

심리학자들의 연구에 따르면 스트레스가 가장 심한 직업은 업무 부담이 큰 직업이 아니라 업무에 대한 통제력이 없는 직업이다. 결국 해결책은 스스로 선택하고 행동하는 힘을 기르는 것밖에 없다. 오너드라이버가 되는 것이야말로 인생의 멀미에 가장 좋은 치료제인 것이다. 그것이 이 책에서 일관되게 이야기하고자 하는 '자율성'이다.

우리 주위를 둘러보면 시작은 같지만 시간이 지나면서 삶에서 차이가 나는 것을 발견할 수 있다. 누군가는 여전히 똑같은 일을 반복하고 있지만 누군가는 그 분야에서 계속 성장하고 있다. 그러한 차이는 어디에서 비롯될까? 그것은 지능이나 환경의 차이라기보다 바로 자율성의 차이에 있다. 즉 삶에 대한 주인의식이 삶의 차이를 만들어내는 것이다.

동기심리학자 리처드 드샴Richard deCharms은 자신을 얼마만큼 행동의 주체로 생각하느냐에 따라 삶의 질이 달라진다고 말한다. 그는 자신의 행동을 스스로의 선택에 의해 결정된 것으로 보는 사람을 '주인origin'이라고 하고, 외부의 힘에 의해 결정되는 것으로 보는 사람을 '하인pawn'(장기의 졸에 해당하는 체스의 말)이라고 했다. 이는 두 종류의 사람으로 나뉜다는 의미보다는 어떤 상황에서 어떤 의식을 더 가지고 있느냐의 문제다.

자기 삶의 주인의식을 가진 사람들은 위기에서 기회를 찾아내고, 스트레스를 자극 삼아 자신이 원하는 삶을 향해 나아간다. 시작은 같지만 점점 차이가 벌어지는 것! 그것이 바로 자율성의 힘이다.

자율성을 사전에서 찾아보면, '외부의 어떤 권위나 제재의 개입 없이 자기 결정에 의해서 생각하고 행동하는 것'이라고 나온다. 이 점에서 많은 사람들이 자신을 자율적인 존재로 착각한다. 자신에게 강제로 지시하는 대상이 없다고 느끼기 때문에 스스로 생각하고 스스로 행동한다고 생각한다.

과연 정말 그럴까? 만일 외부의 권위나 제재 그리고 영향력이 우리도 모르는 사이에 내면화되어 자신의 생각과 행동의 기준이 되었다면 그 생각과 행동은 과연 누구의 것일까? 그 삶은 누구를 위한 삶일까?

자율성을 좀 더 이해하기 위해 다음과 같이 구분해볼 수 있다.

첫째, '가치적 자율성'은 부모나 사회의 가치관과 구별되는 자신의 철학과 기준, 신념을 가지게 되는 것이다.

둘째, '정서적 자율성'은 부모로부터 일방적인 정서적 보살핌을 받는 아동기적 유대 관계에서 벗어나 스스로 자신을 돌보고 다른 사람들과 상호적 정서 교류를 나눌 수 있게 되는 것이다.

셋째, '행위적 자율성'은 스스로 결정을 내리고 스스로의 힘으로 삶을 이끌어나가며 그 결과에 대해 스스로 책임지는 것이다.

이러한 가치적 자율성, 정서적 자율성, 행위적 자율성의 삼박자가 잘 맞아야 우리는 성숙한 자율성을 획득했다고 볼 수 있다. 그렇다면 나는 과연 자율적인 삶을 살고 있는가? 몸은 성인인데 여전히 보살핌을 받고자 하고, 정신없이 바쁘게 살고 있지만 자신만의 철학이 없으며, 삶의 방향에 대해 끊임없이 고민하지만 스스로 결정하고 책임지려 하지 않는 사람들이 너무 많다. 그렇기에 삶은 늘 위태롭고 휘청거린다. 그동안 학자들은 자율성을 청소년기와 청년기를 통해 성취해야 할 중요한 발달과제라고 여겨왔지만 나는 다르게 생각한다. 자율성이란 인생의 어느 한 시기에 주어진 과제나 필요한 능력이 아니라 삶 전반을 관통하는 과제이고 평생 동안 나이에 맞게 발휘해야 할 능력이라고 본다.

이 책은 여러분에게 불편함을 줄지 모르겠다. '당신은 과연 자율적인가?'라는 질문을 계속 던지고 있으니 말이다. 그러나 질문으로만 그치지 않을 것이다. 우리 안의 자율성을 회복하려면 어떻게 해야 하는지, 다른 사람의 자율성을 이끌어내려면 어떻게 해야 하는지 차근차근 이야기해나갈 것이다.

나는 2007년에 첫 책《굿바이 게으름》을 썼다. 운 좋게도 많은 독자들의 사랑을 받았고 덕분에 다양한 사람들을 만났다. 단지 활동량이 부족해서가 아니라 삶의 능동성과 방향성이 없는 것이 더 큰 게으름이라는 메시지에 많은 사람들이 공감했다. 비록 자신을 불편하게 만들었지만 그 불편함이 삶의 새로운 자극이 되었다는 이야기를 많이 들었다.

이후 게으름의 문제로 상담과 워크숍을 진행하면서 게으름의 본질이 바로 '자율성의 부재'라는 것을 새삼 깨달았다. 그런 의미에서 이 책은《굿바이 게으름》의 속편이다. 인생의 게으름에서 벗어나는 것은 삶의 주인의식을 회복하는 것이기 때문이다. 이 책 역시 여러분에게 죽어가는 삶을 깨우는 '건강한 불편함'이 되기를 간절히 바란다.

끝으로 이 책이 만들어지기까지 깊은 관심을 가져주신 더난출판 신경렬 대표와 이 책을 함께 만드느라 애쓴 남은영 편집자에게 깊은 감사의 말을 전한다.

삶 뒤에 있지 말고 삶 앞에 서라!

2014년 봄

청담동 진료실에서

1장

나는 스스로
살아가고 있는가

자율성의 원리

이 세상에서 세상의 뜻에 따라 사는 것은 쉬운 일이다.
혼자의 세계에서 자신의 생각에 따라 사는 것은 쉬운 일이다.
그러나 진정 위대한 사람은 군중 속에서 독립된 개체로
즐겁게 살아가는 사람이다.

-랠프 월도 에머슨Ralph Waldo Emerson

세상은 자율을 원한다

과거에는 홀로 사는 사람들이 별로 없었다. 그래서 혼자 다니는 것을 부끄럽거나 안 좋게 생각하기도 했다. 그러나 이제는 달라지고 있다. 이미 우리는 '싱글'이나 '솔로'라는 단어에 너무 익숙해져 있다. 결혼하지 않은 미혼을 '골드 미스', '화려한 싱글'이라고 부르는 것을 비롯해 이혼 남녀를 '돌싱(돌아온 싱글)'이라고 부르기도 한다.

혼자 사는 삶이 우리 사회에 뿌리를 내리고 있다. 이는 일시적이거나 부분적인 현상이 아니다. '개인화'라는 거대한 메가트렌드의 거스를 수 없는 흐름이다.

싱글턴의 시대, 스스로를 책임지는 삶

글로벌 시장조사 기관인 유로모니터에 의하면 2011년 전 세계의 1인 가구 수는 3억 명에 육박한다. 이미 스웨덴 국민의 47.1퍼센트가 1인 가구이며 프랑스, 영국, 일본 등은 1인 가구 수가 모두 30퍼센트를 넘는다. 통계청에 따르면 우리나라도 2013년 전체 가구 가운데 1인 가구의 비중이 25.9퍼센트를 차지하고 있다. 1인 가구는 앞으로 2인 가구나 3인 가구를 넘어 가장 많은 형태가 될 전망이다.

일본의 경우, 50세를 기준으로 한 번도 결혼한 적 없는 사람의 비율이 점점 증가하고 있다. 일본 남성의 '평생 미혼율'은 2005년에 16퍼센트였지만 2030년에는 30퍼센트 정도로 3명 중 1명에 이를 전망이고, 일본 여성은 대략 23퍼센트에 이를 것으로 추측된다. 단지 결혼을 늦게 하는 것이 아니라 결혼 자체를 안 하는 비중이 늘어나고 있는 셈이다. 이제는 혼자 사는 것도, 결혼을 하지 않는 것도 전혀 이상하지 않은 사회가 되었다. 과거에는 결혼을 하지 않거나 혼자 사는 사람들은 뭔가 문제가 있다고 생각했지만 이제는 그 수가 늘어나면서 자연스럽게 받아들여지고 있다.

통계청에 따르면 한국도 크게 다르지 않다. 50세가 다 되도록 결혼하지 않은 서울의 미혼 인구는 최근 40년간 7배 늘어나 160만 명에 육박하고 있다. 65세 이상 노인 5명 중 3명은 자녀와 따로 살고 있고 앞으로도 그 수치는 더 늘어날 전망이다. 부모를 부양해야 한다고 생각하는 자녀들은 36퍼센트에 불과하고, 자녀와 함께 살고 싶다는 부모도 29퍼센트밖에 되지 않는다. 점점 더 1인 가구가 보편적인 생활 방식이 될 것이다.

놀랍지 않은가! 불과 몇 십 년 만에 우리는 대가족에서 핵가족으로, 핵가족에서 1인 가구로 빠르게 이동하고 있는 시대를 살고 있다. 이제 누구라도 결혼 여부나 자기 의사와 상관없이 생애 주기상 싱글턴(singleton ; 1인 가구)의 시기, 즉 혼자 사는 삶을 피할 수 없게 되었다. 그 시기가 몇 년이 될지 몇 십 년이 될지는 모르지만 우리는 혼자 살아가는 시간이 점점 더 길어지고 있는 것이다.

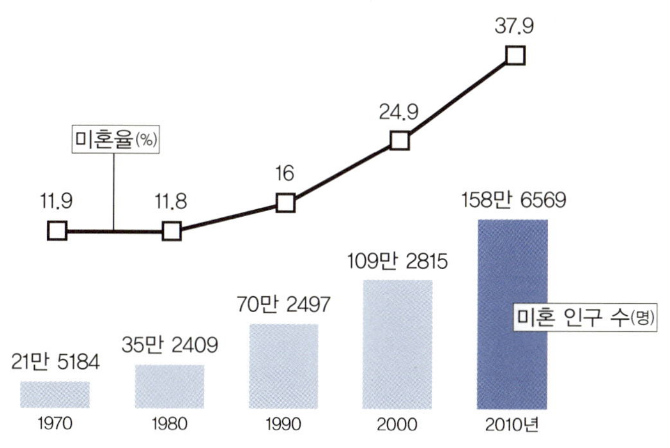

100세 시대, 제2의 인생을 살아갈 새로운 기회

1945년 한국인의 평균수명은 불과 47세였다. 아이가 태어나면 5명 중 1명은 첫돌을 맞기도 전에 사망했다. 그러던 것이 1970년대 62세, 1980년대 66세로 평균수명이 올라갔고 급기야 남자는 78세, 여자는 85세가 되었다. 남자는 세계 15위, 여자는 세계 3위를 기록했다.[1] 놀라운 변화가 아닐 수 없다. 물론 평균수명이 계속 빠른 속도로 증가할 수는 없겠지만 100세 인생이 열릴 것이라는 데는 이견이 없다.

그런데 이렇게 삶이 늘어난 것을 축복으로 여기는 사람은 별로 없다. 오히려 우리를 더욱 힘들고 불안하게 한다. 왜 그럴까? 나이가 들어 능력이 떨어지고 일을 못하게 되면 결국은 누군가에게 신세질 수밖에 없는데 그마저도 여의치 않기 때문이다. 조금 과장해서 이야기하면 오래 산다는 것은 이제 희망이 아니라 두려움이 되었다.

우리는 불과 한 세기 전의 사람들과 비교하면 인생을 2배로 살게 되었다. 그렇다면 우리에게 2배로 길어진 인생은 무엇을 의미할까? 노년에 대한 두려움이 큰 사람들은 우리의 인생에서 길어진 후반부를 늙고 무능하고 쓸모없는 시간이라고 느낀다. 즉 인생이 길어진 것이 아니라 '늙음' 혹은 '노년'이 길어진 것이라고 인식한다.

그렇다면 우리에게 늘어난 것은 정말 늙고 병들고 일하지 못하는 시간인가? 아니면 건강하고 다양한 경험을 할 수 있고 일할 수 있는 시간인가? 전자라고 답한 사람일수록 스스로를 믿지 못하는 경우가 많다. 하지만 스스로 인생에 대한 주인정신을 가지고 살아가는 사람이라면 후자라고 느낄 것이다. 이들에게 늘어난 시간은 늙고 병들어가는 시간이 아니라 보다 많은 경험을 쌓고 계속 성장하고 진정 자신의 삶을 꽃피울 수 있는 시간이다.

이전에는 인생이 배움의 시기, 독립과 사회적 정착의 시기, 은퇴 후 노년의 시기로 3단계였다면 이제는 가족의 부양에서 벗어나 제2의 인생을 살아갈 시기가 열렸다. 자녀들을 키우고 이어 자녀들의 보살핌을 받는 과정에서 벗어나 자신의 인생을 살아갈 새로운 시간이 주어진 것이다. 주위를 보면 나이 들어 새로운 공부를 시작하고, 귀농을 하고, 직업을 바꾸고, 공동체를 위한 봉사를 시작하는 경우를 어렵지 않게 찾아볼 수 있다. 물론 아직은 새로운 인생을 살아간다기보다 길어진 인생에 대한 불안으로 어떻게든 일을 하려는 사람들이 많은 것이 사실이다.

하지만 시간이 지나면서 길어진 인생을 위험이 아닌 기회로 받아들이고 마지못해 살아가는 것이 아니라 스스로 준비해서 도전하는 사람들이 늘어날 것이다. 지금은 급속도로 변화하는 물질 문화와 발달의 속도를 우리의 정신과 태도가 뒤따르지 못하는 일종의 '문화 지체'가 나타나고 있지만 사람들의 의식과 행동은 점점 바뀌어갈 것이다.

똑같은 상황이라도 어떻게 바라보느냐에 따라 달라진다. 위기라는 말 자체가 위험과 기회라는 말이 섞여 있는 것처럼 지금 우리가 살아가는 이 시대는 위기이자 기회다. 공동체가 약화되고 개인이 강조되면서 인류가 사라지고 사회가 무너지는 것이 아니냐는 심각한 걱정을 하는 사람들도 있지만 사실은 사회가 붕괴되는 것이 아니라 삶의 방식이 변화하는 것이다. 유목 사회에서 농경 사회로 전환이 일어난 것처럼 '집단주의' 시대가 문을 닫고 '개인주의' 시대가 열린 것이다. 문제는 우리가 시대에 맞게 적응하지 못하는 것일 뿐.

물론 개인주의가 확산되면서 폐단과 문제가 많아진 것 또한 사실이다. 아파도 아프다고 이야기할 사람이 없고 중요한 문제가 생겼을 때 상의할 사람이 없다는 것은 우리를 슬프게 한다. 혼자 사는 삶이 신체적, 정신적 건강의 위험 요소라는 연구 결과도 매우 많다. 그러나 세상은 그렇게 일면적이거나 단순하지 않다. 동전의 양면처럼 사회의 변화에도 양면성이 있다. 실제로 혼자 살기 때문에 더 자유롭고 편안하다고 느끼는 사람들도 늘어나고 있다. 미국의 글로벌 시장조사 기관인 패키지드팩츠의 조사에 따르면 혼자 사는 미국인들의 경우 오히려 가족과 함께 사는 사람들에 비해 운동을 더 자주 하고, 미술 전시회나 음악회도 자주 다니고, 공개 행사와 강연, 봉사 활동에도 더 적극적이었다.[2]

인간관계도 마찬가지다. 혼자 산다고 해서 반드시 고립되거나 인간관계가 협소해지는 것을 의미하지는 않는다. 혼자 살면서도 얼마든지 활발한 친교 활동과 다양한 네트워크에 참여하며 살아갈 수 있다. 관계와 공동체의 회복이 필요하지만 이는 개인주의 시대에 맞는 방식이지 집단주의 시대로의 회귀를 의미하는 것은 아니다. 오히려 지금 우리는 새로운 환경에 능동적으로 적응하고 개척해나가는 삶의 정신과 태도 변화가 필요하다. 시대의 흐름이 개인화라면 시대정신의 핵심은 바로 '자율성'이다.

신노마드로 살아가기

과거 우리는 혈연, 지연, 학연 등에 의해 집단에 소속되었고 그 집단은 죽을 때까지 그대로 이어졌다. 자신이 태어난 곳에서 생활하고 그곳에서 죽는 것이 보편적인 삶의 모습이었다. 그러나 지금은 생활의 무대가 넓어지면서 사람들은 태어난 곳과 생활하는 곳, 죽는 곳이 각각 다르다.

게다가 현실의 인간관계뿐 아니라 인터넷과 모바일 기기의 등장으로 사이버상에서 거대한 네트워크 세상이 형성되었다. 이름 하여 '유비쿼터스 시대'가 열린 것이다. 유비쿼터스ubiquitous라는 말은 '도처에 있다'는 뜻의 라틴어로 언제 어디서나 어떠한 수단을 통해서든 정보통신 기능을 이용할 수 있고 사람들이나 네트워크와 연결할 수 있다는 의미다. 이는 기존의 디지털 시대와는 또 다른 네트워크의 진화다. 이동성과 즉각적인 연결성이 확대되어 '언제 어디서나' 커뮤니케이션이 이루어지기 때문이다.

예전에는 특정 장소에서 컴퓨터에 접속해야 했다면 이제는 이동 중이나 외출해서 혹은 해외에 나가서도 얼마든지 인간관계를 형성하고 유지해나갈 수 있다. 이는 관계의 형성과 네트워킹에 자율성과 능동성을 부여한다. 이전의 집단처럼 네트워킹이 주어지는 것이 아니라 자신이 원하는 정보 혹은 가치 등에 따라 능동적으로 연결해나가는 것이다. 이는 오랜 시간 지속되어 온 정착민으로서의 삶의 방식에 큰 변화를 초래하고 있다. 새로운 '노마드nomad', 즉 신유목민으로서의 삶의 방식이 다시 도래하고 있는 것이다.

그러나 옛 유목민과 같다고는 할 수 없다. 물론 한 지역에 정착하지 않고 이동한다는 점에서는 같지만 크게 다른 점이 있다. 첫째, 옛 노마드는 폐쇄적인 집단으로 떠돌아다녔다면 신노마드는 새로운 연결을 강화하며 이동한다. 신노마드는 현실의 관계망과 사이버상의 관계망을 넘나들며 인간관계의 폭을 넓힌다.

둘째, 신노마드는 단지 공간으로부터 자유롭다는 의미를 넘어 개별성과 능동성이 달라졌다. 옛 노마드는 집단이 존재할 뿐 개인이 중요하지 않았다면 신노마드는 '나' 자신이 인간관계망의 중심이 된다. 과거 공동체에서는 사실 스스로가 주체가 될 필요가 없었다. 나이에 따른 위계가 있고 역할이 고정되어 있기 때문이다. 하지만 신노마드 시대에는 스스로가 주체가 되지 않으면 관계 형성 자체에 어려움을 겪게 된다. 신노마드 시대에 우리는 식물처럼 가만히 앉아 누군가 다가와 관계가 형성되기를 기다려서는 안 된다. 적극성과 자율성을 가지고 관계를 만들어나가야 한다.

셋째, 신노마드 시대에는 공간적인 제약을 넘어서는 것은 물론 고정된 역할을 거부하고 다양한 역할을 넘나든다. 여러 분야를 넘나들며 다양한 분야의 전문성을 개발하고, 다양한 언어를 구사하며, 다양한 인생 경험을 즐긴다. 그래서 더욱 융합적이고 창의적이다. 이러한 신노마드로 살아가기 위해서는 무엇보다 자율성이 중요하다. 자신이 중심이 되어 관계를 만들고 네트워킹을 이루어가야 한다.

이것은 나의 인생인가

한국 사회는 OECD 국가 중 가장 부지런하다. 2009년 OECD가 발표한 '2009년 회원국 사회 지표'에 따르면 한국인의 하루 평균수면 시간은 469분(7시간 49분)에 불과해 조사 대상국 중 가장 적었다. 그에 비해 2010년 'OECD 통계 연보'에 의하면 우리나라 노동자의 근로 시간은 30개국 중에서 가장 길었다. 2008년 기준으로 2256시간인데 이는 OECD 평균인 1764시간보다 1.3배가량 긴 것이다. 직업에 만족한다는 응답자도 69퍼센트로 조사 대상국 중 최하위를 차지했다. 결국 우리는 가장 많은 불만을 안고 가장 많이 일하는 셈이다. 우리는 과연 무엇을 위해 그리고 누구를 위해 이렇게 열심히 일하는 것일까?

늘어나는 번아웃 증후군

불안감과 집중력 문제로 태영 씨가 병원을 찾았다. 그는 지방대 공대를 졸업하고 좀 더 안정적인 직업을 갖기 위해 약학전문대학원 시험에 네 번째 도전 중이다. 부모는 그만하고 취업하기를 바라지만 그는 보란 듯이 합격해서 자신의 능력을 보여주고 싶어 고집을 꺾지 않았다. 몇 년째 시험공부가 이어지다 보니 친구들과도 점점 멀어졌고 가족들 보기도 민망하여 명절에도 집에 가지 않는다. 그렇지만 이 모든 것이 합격만 하면 다 해결될 것이라고 기대한다. 한편으론 3번 연거푸 떨어져 불안은 더욱 커져갔다. 그럴수록 도서관에 앉아 있는 시간은 늘어났다. 하루에 정해진 목표를 채우지 않으면 더 불안해지기 때문이다. 문제는 집중력이다. 책을 보고 있지만 다른 생각에 빠져버릴 때가 많다. 커피와 에너지 드링크를 입에 달고 살며 가까스로 꾸역꾸역 하루를 보내고 있다. 말 그대로 버티고 있다.

"사실 몇 년을 공부하고 있지만 시험 과목인 화학이나 생물학은 여전히 모르겠어요. 그래도 어쩌겠어요. 일단 시험에 합격해야 하니까 어떻게든 하루에 한 10시간 정도는 책상 앞에 앉아 있으려고 해요. 그렇게 해야 덜 불안하니까요. 집중이 안 되고 피곤하지만 그렇게 하지 못한 날은 불안해서 잠을 더 못 자요."

태영 씨는 심신이 지칠 대로 지쳐 쓰러지기 일보 직전이었다. 그러나 더 큰 문제는 그럼에도 공부를 멈출 수 없다는 것이다. 더 몰아세운다고 의지가 생겨날 일이 아닌데도 자신에게 계속 채찍질을 가했다. 이번마저 합격이 안 된다면 자신의 삶은 절망뿐이라는 절박감이 너무 강했다. 그러다 보니 카페인의 힘을 빌려서라도 일단 자리에는 앉아 있어야 했다.

예전과 달리 게으름과 무력감을 호소하며 상담하러 오는 경우가 많다. 이는 전형적인 우울증도 있지만 '번아웃 증후군Burnout Syndrome'인 경우도 상당하다. 즉 자신의 에너지를 다 소진해버리고 탈진 상태에 빠져버린 것이다. 왜 이런 일이 벌어지는 것일까? 자신의 상태는 아랑곳하지 않고 계속 자신을 몰아붙였기 때문이다. 마치 계기판에 연료 부족을 알리는 경고등이 켜져 있는데도 계속 달리다가 멈춰선 자동차와 같다. 번아웃 증후군은 과거에는 지나치게 감정 노동에 시달리거나 자신을 잘 돌보지 못하고 남을 위해 봉사하는 직업군에서 많이 보였다. 특히 자신의 능력 이상을 자신에게 요구하는 완벽주의 성향의 사람들에게서 많이 관찰되었다. 그러나 최근 들어서는 전 직업군의 사람들에게서 모두 나타나고 있다.

직장인뿐만 아니라 아이부터 노인까지 남녀노소 할 것 없이 모두 바쁘다. 겉으로는 '아, 바빠 죽겠어!'라고 힘든 듯 이야기하지만 이 말 속에는 은근히 '나는 할 일이 많은 괜찮은 사람이야'라는 복선이 깔려 있다. 바쁘지 않은 사람은 능력이 없고 문제가 있다고 생각한다. 잠시라도 비어 있는 시간을 가만히 두지 못하고 뭔가 끊임없이 하려고 한다. 잠은 죽고 난 뒤 실컷 자면 되니까 살아 있는 동안 열심히 살아야 한다고 이야기하는 사람들도 꽤 많다. 누군가 열심히 살라고 시키는 사람도 없는데 정말 바쁘게 산다. 스스로 열심히 사니 이 얼마나 자율적인 사회인가! 그런데 과연 정말 그럴까?

《피로사회》의 저자인 한병철 교수는 현재 우리는 규율 사회를 지나 성과 사회를 살고 있다고 말한다. 성과 사회란 무엇인가? 규율 사회에서는 강압이나 통제 아래 수동적으로 일을 했다면 성과 사회에서는 스스로가 자신을 통제하면서 성과를 내기 위해서 살아간다. 성과 사회에서는 성과만이 자신의 가치를 증명해주는 수단이 되기 때문이다. 그래서 자기 통제는 점점 과도해지고 끝내 자기 착취로 이어지고 있음을 한병철 교수는 경고한다.

"일과 성취욕의 과다는 자기 착취 수준으로 심화된다. 이것은 타인에 의한 착취보다 효율적이다. 자기 착취는 자율적이라는 느낌이 들도록 하기 때문이다."[3]

겉으로 보기에 사람들은 스스로 알아서 자기 계발을 하고 열심히 살아가는 매우 '자율적'인 모습으로 비춰지지만 사실은 스스로를 착취해 소진시켜버리는 것이다. 이는 통제의 주체가 바뀌었을 뿐 여전히 자신을 통제의 대상으로만 바라본다는 점에서 전혀 자율적이지 않다.

그렇다면 사람들은 왜 이렇게 지나칠 만큼 자신을 통제하려는 것일까? 불안하기 때문이다. 사람이 불안하면 그 불안을 해소하기 위해 뭔가를 자꾸 하려고 한다. 불안한 사람들은 상담실에 와서도 가만히 있지 못한다. 손을 이리저리 움직이고 머리카락을 만지고 휴지를 뜯기도 하고 심지어는 휴지로 책상을 열심히 닦는 사람들도 있다.

어머니들 중에도 하루 종일 쓸고 닦고 집안일을 하는 분들이 있다. 부지런해 보인다. 그러나 가만히 들여다보면 부지런함의 밑바탕에는 강한 불안이 도사리고 있다. 자꾸 마음이 불안하고 힘드니까 어떻게든 몸을 움직여서 관심이나 주의를 밖으로 돌려버리려는 것이다.

운동선수의 경우에는 불안해지면 훈련의 질을 중요하게 여기기보다 자꾸 훈련량을 늘리는 식으로 불안에 대처한다. 공부하는 학생이라면 집중력을 높이기보다 잠자는 시간을 줄이거나 책상에 앉아 있는 시간을 늘린다. 뭔가 하고 있다는 것 자체가 안심을 주기 때문이다. 즉 우리가 이렇게 바쁘게 사는 것은 기본적으로 열정이 아니라 불안때문이다. 그러나 삶의 능동성과 자율성은 조바심이나 분주함과는 다른 것이다. 능동성은 자기 내부로부터 나오지만 분주함은 외부에 의해 끌려가는 것이기 때문이다. 사회심리학자 에리히 프롬Erich Fromm은 이러한 분주함을 '소외된 능동성'이라고 표현했다.[4] 즉, 행동의 주체가 자신이라고 착각하기 쉽지만 사실은 자신이 빠져 있는 것이다. 소외된 능동성의 대표적인 경우가 강박증이다. 더 씻을 필요가 없다는 것을 잘 알면서도 손 씻는 것을 멈출 수 없는 강박증 환자들의 행동은 능동적이지도 자율적이지도 않다. 그를 움직이는 것은 강박적인 불안이다. 그런 의미에서 우리 사회는 일부 개인의 문제가 아니라 집단적인 '자기통제 강박증'에 빠져 있다고 할 수 있다. 불안에 떠밀려 분주히 움직이고 있을 뿐이다. 자신이 사고와 행동의 주체가 되지 못하는 한 우리는 아무리 바쁘게 살아간다고 해도 타율적이고 수동적이다. 자율성은 기본적으로 능동적인 것이다.

나로서 살아가고 있는가

사업가인 근영 씨는 최근 들어 우울하고 감정 조절이 잘 안 된다. 예전처럼 돈 버는 게 별 재미가 없고 뭔가 자기 인생에 중요한 것이 빠진 느낌이 들었다. 그는 전형적인 자수성가형 스타일로 부모나 다른 사람의 도움 없이 오직 자신의 힘만으로 밑바닥에서부터 사장 자리까지 올라왔다. 홀어머니 아래 4남매 중 막내임에도 불구하고 형제들 일은 물론 집안일도 나서서 돕고 있어 주변 사람들로부터 칭찬이 자자하다. 어디를 가더라도 사람들은 그를 환영해주고 받들어준다. 어찌 보면 이제 편안하고 행복한 일만 남아 있을 것 같은데 그는 왜 행복하지 않고 공허한 것일까?

심리 검사를 위해 자신이 살고 있는 집을 그리고, 그 집에 있는 사람을 그려 넣으라고 했다. 그런데 근영 씨가 그린 큰 집에는 정작 아이들과 아내만 있고 자신은 없었다. 각자 자기 방에 따로따로 있는 풍경이었다. 늘 일과 약속이 많다 보니 집에 있을 시간이 별로 없었기 때문에 어쩌면 당연한 일인지도 모른다.

"왜 당신은 그 집에 없죠?"

나의 질문이 그가 지금 느끼고 있는 공허감을 건드렸다. 그림 속에 자신이 빠져 있는 것처럼 그의 삶에 자기가 없다는 것을 그제야 뼈저리게 느꼈다.

근영 씨는 어릴 때부터 어려운 집안을 자신이 일으켜야 한다고 생각하며 살아왔다. 이를 위해서는 남들처럼 똑같이 살아서는 답이 없다고 생각했다. 무엇을 하더라도 남보다 더 노력해야 한다고 생각했다. 실제 무엇을 하든 110퍼센트 노력을 했다. 그런 근영 씨를 어머니는 무척 대견스러워했다. 일찍 사별한 어머니에게 그는 남편과도 같은 든든한 아들이었다. 근영 씨는 자신으로 인해 어려운 집안 형편이 조금씩 나아지고 가족들이 함께 모여 웃을 수 있어서 기뻤다. 늘 집안이 우선이었고 결혼을 해서도 다르지 않았다. 부인과 아이들보다 부모 형제가 우선이고 늘 일에 치이다 보니 아내와 아이들은 점점 그에게 마음을 닫았다.

부부싸움은 시간이 갈수록 커져갔고 결국 아내는 이혼 이야기를 꺼

냈다. 아이들도 아내 편이었다. 근영 씨 주위에는 여전히 사람들이 많았지만 힘든 마음을 내보일 수 있는 사람이 없었다. 그에게 의지하려는 사람들만 있을 뿐, 자신이 의지할 사람은 보이지 않았다. 지금까지 정말 열심히 살아왔는데 누구를 위해 살아온 것인지 깊은 회의에 빠졌다. 자신의 인생이 아니라 다른 사람들의 기대나 욕구를 대신해온 대리 인생을 산 것 같은 느낌이다. 과연 재산이 없어진다면 이 사람들은 자신을 어떻게 대할까를 생각해보니 자신이 없다.

사람은 자기 길을 걸어가고 자기 인생을 살아갈 때 빛이 나는 법이다. 몇 년 전, 신촌에서 작은 가판대를 운영하는 한 아주머니의 인터뷰 기사를 본 적이 있다.[5] 그녀는 한 평 남짓한 아주 좁은 공간에서 화장실도 제때 가지 못하면서 장사를 하고 있는데 무척 행복해보였다. 한 평의 일터가 감옥 같은 곳이 아니라 생계 수단이면서 동시에 만학의 꿈을 가지고 주부 학교를 다닐 수 있는 터전인 셈이다. 손님이 많으면 많은대로 좋고, 손님이 적으면 그만큼 공부할 수 있는 시간이 늘어난다고 생각하니 늘 즐거운 마음으로 살아갈 수 있었다. 자신의 인생을 살아가고 있어서 한 평의 공간에서도 그녀는 충분히 행복했다.

누구의 눈치를 보지 않고 자신이 숨 쉴 수 있는 작은 세상이 있다면, 비루한 현실에서도 자신의 인생을 걸어가고 있다는 희망이 있다면 그 사람은 얼마든지 행복할 수 있다. 스스로 자신의 삶을 이끌어가고 있다는 느낌이야말로 진정한 기쁨이기 때문이다.

스스로 선택한 삶을 살고 있다는 착각

깊은 최면 상태에서 강한 암시를 하면 최면에 걸렸던 사람은 깨고 난 후 암시 내용대로 행동하게 된다. 예를 들어, 어떤 사람에게 '당신은 최면에서 깨어나 눈을 뜨면 창문을 엽니다'라고 암시를 했다면 그는 최면에서 깨어나 창문을 연다. 이때 그 사람에게 왜 창문을 열었느냐고 물어보면 어떻게 대답할까? 그 사람은 순간 '실내가 좀 덥네요', '답답하네요'와 같이 그럴듯한 이유를 든다. 그리고 스스로도 덥거나 답답하게 느꼈기 때문에 창문을 열었다고 믿는다. 참 논리적인 답변처럼 들린다.

그러나 다시 생각해보자. 그 사람이 창문을 연 진짜 이유는 무엇인가? 그렇다. 최면 상태에서 암시에 걸렸기 때문에 최면에서 깬 후 지시대로 행동한 것뿐이다. 덥거나 답답해서라는 그럴듯한 이유를 들었지만 행동에 대한 자기 합리화일 뿐 스스로 행동한 것은 아니다. 그럼에도 그 사람은 자신의 행동이 자발적이었다고 믿는다. 앞서 이야기한 근영 씨도 마찬가지다. 자신의 인생을 위해서 살아왔다고 생각하지만 사실은 사람들의 기대와 인정에 부응하기 위해 애쓴 삶이었다.

우리는 흔히 내가 생각하고 내가 판단하고 내가 행동한다고 말한다. 내 인생은 내 것이니까. 그런데 다시 생각해보자. 내가 어떤 사람이어야 하고, 어떤 삶을 살아야 한다고 생각하는 기준에 대해 다시 돌아보자. 이 기준은 과연 나의 것일까? 최면 상태에서 암시에 걸린 사람들이 스스로 행동했다고 착각하는 것처럼 우리가 가지고 있는 기준이나 생각은 사실 내 것이 아니라 강한 암시에 걸려 있거나 사회로부터 주입된 것은 아닐까?

앞서 사례에 나온 태영 씨가 약학전문대학원을 가려는 것은 다른 이유가 없다. 전문직이라는 이유 때문이다. 지방대 출신이라는 콤플렉스 때문에 전문직을 가져야 사람들 앞에 떳떳할 수 있다고 생각하고 있다. 반대로 전문직을 갖지 못하고 일반 회사에 취직한다면 자신은 별 볼 일 없는 사람이라고 생각한다. 과연 특정 직업을 가져야 전문가로 인정받는 것이고 가치 있는 사람이 되는 것일까? 자존감이 낮을수록 필요 이상의 소유와 활동과 인정에 연연하기 쉽다. '나 괜찮아?', '나 잘했지?', '나 어때?'라는 외부 확인을 통해 자기 존재를 확인받고 싶어 한다. 흔히 명품, 지적 허영심, 성형 외모, 넘치는 근육, 인맥 쌓기, 일 중독, 과도한 보살핌 등이 자기 증명의 흔한 수단이다.

불완전한 인간인 이상 우리는 다들 각자 바라는 모습이 있다. 문제는 바라는 이미지가 너무 강하거나 외부에서 주입된 것이어서 자신에게 맞지 않을 때다. 그런 경우에는 자기 자신을 너무 외면하거나 억압한 채 살아가게 되고 그로 인해 점점 힘들어진다. 그리고 어느 순간 이런 질문이 떠오를 수 있다.

‘내가 왜 이렇게 살아야 하지?’

‘이런 이미지가 정말 그렇게 중요한 걸까?’

이런 질문이 떠올랐을 때는 그냥 넘기지 말고 가만히 생각해보라. 정말 중요하다고 생각했던 이미지가 사실은 그다지 중요하지 않은 것일 수도 있고 그런 이미지를 추구하다가 자신의 삶을 너무 희생해왔다는 것을 깨달을 수도 있다. 이는 진짜 자신의 모습과 자기 인생을 찾아가는 전환점이 될 수 있다.

스프링복을 닮은 우리들

사실 자율적이라는 것은 스스로 선택하고 책임진다는 의미로 그 뜻을 들여다보면 참 좋은 말이다. 그런데 우리는 왠지 이 말에 끌리지 않는다. 나부터도 그렇다. 단어 자체부터 뭔가 불편한 느낌을 준다. 생각해보면 과거의 기억 때문이다. 학창 시절, 누구나 ‘야자(야간 자율 학습의 줄임말)’를 경험했을 것이다. 하지만 말이 야간 자율 학습이지 사실 강제에 의한 학습이라는 것을 누구나 안다. 자율 학습에서 학생의 선택권이 보장된 학교가 과연 얼마나 있었는가!

그렇다 보니 우리는 자율이라는 말 자체에 혼란을 느낀다. 스스로 동의하지 않은 공부를 강요당하면서 그것을 오히려 '자율'이라고 표현해왔으니 혼란스러울 수밖에 없다. 자율이 무슨 말인지 모를 수밖에 없다. 어른이 되어서도 상황은 크게 다르지 않다. 예를 들어 교사라면 방학 동안 '자율 직무 연수 교육'을 한다. 그런데 말이 자율이지 강제 할당인 경우가 많다. 스포츠도 그렇다. 말이 '자율 훈련'이지 코치나 감독이 나와 있는데 훈련을 안 할 선수가 얼마나 있겠는가! 이는 명백히 '거짓 자율false autonomy'이다. 그러나 더 큰 문제는 '유사 자율 pseudo autonomy'에 있다.

유사 자율은 자율의 외피를 쓰고 있지만 사실 내적으로는 다른 사람에 의해 통제당하거나 이끌리는 상태로 스스로는 자율적으로 행동한다고 생각하는 상태다. 스스로 책상 앞에 앉아 공부를 하고 있지만 속으로는 부모에게 혼날 것 같아서이거나 칭찬을 받고 싶은 아이의 모습과 같다. 거짓 자율은 스스로 자율이라는 말이 허구임을 잘 알고 있고 마지못해 억지로 하고 있음을 알고 있는 데 비해, 유사 자율은 스스로 자기 결정에 의해 나아가고 있고 자기 의지에 의해 열심히 살아간다고 착각하게 한다.

하지만 유사 자율은 결국 타인의 기대나 영향에 의해 끌려다니는 삶을 살아가는 것과 다르지 않다. 자신의 차를 운전하는 것이 아니라 다른 사람의 차를 대리운전해주고 있는 셈이다. 그럼에도 자신의 차를 타고 자신이 정한 방향으로 운전하고 있다고 착각한다. 과연 그 끝

은 어떻게 될까?

아프리카에는 '스프링복springbok'이라는 산양이 살고 있다. 이들은 몇 마리씩 살다가 개체 수 보호를 위해 점차 수를 늘려 수천 마리씩 떼를 지어 산다. 그런데 커다란 무리를 형성하게 되면 자신들도 모르는 큰 위기에 봉착하고 만다. 뒤에 있는 양일수록 먹을 풀이 부족하여 본능적으로 앞으로 밀고 나가려다 보니 계속 서로를 밀치게 되는 것이다. 그러다가 한 마리가 앞으로 나가 풀을 차지하기 위해 정신없이 뛰면 너도 나도 할 것 없이 모든 산양들이 덩달아 뛴다. 어디로 가야 하는지 왜 뛰는지도 모른 채 뛰다 보니 멈출 수도 없다.

그렇다면 이 광란의 질주는 언제 멈추게 될까? 안타깝게도 벼랑 끝에 다다를 때다. 그러나 이미 때는 늦었다. 산양들은 속도를 제어하지 못해 90퍼센트가 벼랑 아래로 떨어져 죽는다. 그리고 살아남은 산양들은 다시 흩어져 살다가 또다시 떼를 지어 질주하는 어리석음을 반복한다. 굳이 뛰지 않고 천천히 풀을 뜯어 먹어도 되고, 어디로 가는지도 모르고 무작정 뛰지 않아도 될 텐데 참으로 답답하다.

그러나 과연 우리의 삶은 스프링복과 많이 다를까? 우리에게도 강력한 모방 본능이 있어 자신에게 맞는 길을 가기보다 앞사람의 뒤꽁무니를 쫓아가거나 타인의 기대에 부응하는 삶을 살아가기 쉽다. 문제는 그러한 삶이 스프링복의 경우처럼 위험할 수 있다는 데 있다. 열심히 뛰는 것처럼 보이지만 떠밀리는 것이지 능동적으로 뛰고 있는 것은 아니다. 그래서 열심히 산다고 해서 그 사람이 자율적으로 산다고 말할 수는 없다.

진실을 추구하는 사람들이 맞서야 할 것은 거짓이 아니라 사이비다. 진실인 척하는 것들이다. 거짓은 눈에 잘 보이지만 사이비는 눈에 잘 보이지 않는다. 자신이 가지고 있는 것이 사실은 짝퉁임에도 진품이라고 믿는 것처럼 우리는 지금의 인생이 진짜인지를 물어야 한다. 나는 자기 인생을 살고 있는가?

우리는
언제 어른이 될까

과거 어느 사회나 성인으로 인정해주는 중요한 기준은 바로 결혼이었다. 우리나라도 다르지 않았다. 아무리 어려도 결혼을 하면 어른으로 대우를 해주었고 그런 의미에서 상투를 틀어 올렸다. 그렇다면 현대 사회에서 성인이 되는 기준은 무엇일까? 학업을 마치는 때일까? 투표를 할 수 있는 나이일까? 직장을 가지고 돈을 벌 때일까? 아니면 결혼할 때인가?

실제로 청장년들은 이러한 사회적 표식보다 심리적 혹은 인지적 요소를 더 중시한다. 미국 메릴랜드대학교 심리학자 제프리 아넷Jeffrey Arnett의 연구에 의하면 청소년의 90퍼센트 이상이 '자신의 행위로 발생한 결과에 대해 책임을 지는 것'을 어른의 특성으로 꼽았다. 결혼이라고 응답한 사람은 정작 15퍼센트밖에 되지 않았다. 다른 조사에서도 대체로 청소년들은 '책임 있게 행동하는 능력'을 꼽았다. 이 항목이 경제 활동이나 학교 졸업, 결혼보다 더 중요한 것이다.

그런 의미에서 아넷의 연구에 참여했던 20대의 절반 이상이 스스로를 '성인'으로 간주하지 않았다. 스스로 책임 있게 행동하지 못한다고 느끼는 것이다. 이를 보고 아넷은 '이머징 어덜트후드emerging adulthood'라는 새로운 생애 발달 단계 개념을 소개했다. 청소년기를 벗어났지만 성인은 되지 못한 과도기적 시기를 일컫는 말로, 연령으로 보면 20~31세까지의 청년들이라고 할 수 있다.

우리나라는 어떨까? 훨씬 심각하다. 몸은 일찍 어른이 됐지만 정신은 계속 아이의 마음에서 벗어나지 못하고 있다. 생활, 공간, 정서, 경제적으로 독립되어 있지 못한 경우가 많다. 왜 그럴까?[6]

과잉 양육은 아이를 수동적으로 만든다

전반적으로 경쟁이 심해지다 보니 점점 양육의 속도가 빨라지고 있다. 자신의 아이를 조금이라도 유리한 위치에 세우기 위해 부모들은 다른 아이들보다 더 빨리 출발시킨다. 이제는 조기 교육을 넘어 임신부가 태아의 머리를 좋게 하기 위해 영어와 수학을 공부할 정도다. 그만큼 먼저 시작하는 것이 경쟁에서 앞서는 것이라 생각하기 때문이다. 즉 경쟁의 심화가 '과잉 양육hyper-parenting'을 부추기고 그 결과 자율성의 부재를 낳는다. 물론 부모의 의도는 좋다. 자식이 잘 되었으면 하는 마음이니까. 그러나 좋은 의도가 꼭 좋은 결과로 이어지는 것은 아니다. 좋은 의도였지만 나쁜 결과로 이어지는 경우도 비일비재하다.

조기 교육 자체가 전혀 필요 없다는 말은 아니다. 아이마다 재능과 소질이 다르기 때문에 학습 속도가 같을 수는 없다. 아이가 흥미와 관심이 있는 분야가 있고 수준별 학습이 필요하면 적극적으로 도와줘야 한다. 그러나 분명한 점은 과잉 양육은 부모의 의도처럼 아이의 경쟁력을 키울 수 없다. 아이의 자율성이나 창조성과는 정반대 방향으로 흘러가기 쉽다. 점점 의존적이고 수동적으로 변해 야단을 쳐야 공부를 하고 시켜야 말을 듣는 아이로 만들 뿐이다.

요즘 아이들은 할 줄 아는 것도 많고 아는 것이 참 많다. 사춘기도 빨리 와서 몸도 그만큼 빨리 어른이 된다. 부모 세대와 비교해보면 어른처럼 생각하고 모르는 것이 없을 정도다. 하지만 어떻게 보면 아동기 전체가 짧아지고 있는 것이다. 아이들 역시 더욱 빨리 어른들을 흉내 낸다. 아이러니하게도 아동기가 짧아질수록 성인기는 더욱 늦어진다. 몸과 지식은 성인의 수준에 이르렀지만 스스로 생각하고 행동하는 정신은 아직 갖춰져 있지 않다. 사회 문제가 될 정도로 갈수록 독립이 늦어지는 이유 중 하나다. '책임 있게 행동하는 능력'이 무척 떨어진 상태로 아이도 아니고 어른도 아닌 모호한 시간대에 살고 있는 셈이다. 책임감은 머리로 아는 것이 아니라 스스로 결정하고 스스로 행동하고 스스로 책임지는 삶의 경험이 있어야 가능한데 지나친 양육이 책임감의 발달을 방해하고 있다.

둥지를 떠나지 않는 캥거루족

올해 서른넷인 은영 씨는 부모와 같이 산다. 어릴 때부터 은영 씨의 부모는 자식 일이라면 나서서 하나하나 신경을 써줬다. 그런 부모 덕분에 은영 씨는 별 어려움 없이 대학에 진학했다. 대학을 졸업한 후에는 조금만 기대를 낮추면 취업을 할 수 있었지만 좋은 직장에 들어간 친구들과 비교하니 시시한 직장에는 가기 싫었다. 은영 씨의 부모도 그럴 바에는 공부를 더 하라고 권했고 결국 대학원에 진학했다. 사실 그녀는 공부에 대한 열의가 별로 없었기 때문에 대학원 공부는 학부 시절보다 더 소홀했다. 휴학도 여러 번 했고 졸업도 미뤘다. 점점 졸업하는 게 겁났고 사회에 나간다는 것 자체가 두려웠다. 은영 씨는 직장에 다니는 친구들과는 사이가 점점 멀어졌다. 자꾸 스스로 위축되어 대학원 친구나 후배들 하고만 어울린다. 가끔은 서른이 넘어 부모의 도움을 받고 있다는 사실에 미안한 마음도 들지만 어쩔 수 없는 일이다. 한편 부모도 여전히 딸의 뒷바라지를 해주고 있지만 속으로는 걱정이 앞선다. 대학원까지 보내줬으면 이제 자기 앞길은 스스로 헤쳐나가야 할 텐데 애가 탄다. 야단치는 것도 한두 번이지 다 큰 자식을 혼낸다고 해결될 일은 아니라서 그냥 참고 만다. 그런 불만이 하나둘 쌓이면서 서로 사소한 일로도 다툰다. 혼내는 것이 아니라 말 그대로 다투고 있는 것이다.

은영 씨처럼 성인이 되어서도 부모에게 얹혀살거나 부모로부터 경제적 지원을 받고 사는 이들이 꽤 많다. 과거와 달리 자립할 나이가 지났는데도 부모에게 기대어 살아가는 사람들을 가리켜 '캥거루족'이라고 한다. 어미의 주머니에서 보살핌을 받으며 자라나는 아기 캥거루의 습성을 빗댄 말이다.

문제는 이러한 현상이 빠르게 확산되고 있다는 점이다. 2012년 통계청이 발표한 '경제활동 인구조사 마이크로 데이터'에 따르면 우리나라 30~40대 캥거루족은 총 48만 6,000명에 육박한 것으로 조사됐다. 20대 중후반의 성인까지 포함하면 자립할 능력이 없어 부모에게 얹혀사는 '캥거루족'이 100만 명을 넘을 것으로 추산된다. 게다가 2000년 이후 청년 실업이 크게 증가하면서 더욱 심각해지고 있다.[7]

물론 그중에는 독립을 하고 싶어도 할 수 없어서 못하는 경우도 있고 부모의 도움을 당연하게 여기는 사람도 있다. 특히 캥거루족은 대개 '헬리콥터 맘'을 두고 있는 경우가 많다. 과잉 보호와 과잉 개입을 해온 헬리콥터형 부모 아래에 자랐기 때문에 자율성이 발달되지 않은 것이다. 개인화 시대에 오히려 부모와 자녀가 같이 사는 시간이 길어졌으니 얼마나 아이러니한가.

최근에는 '빨대족'이라는 말까지 등장했다. 부모의 노후 자금에 의지해 경제적인 지원을 받거나 창업을 하는 이들을 가리킨다. 자신이 빚을 지고 그 해결은 부모에게 미루는 경우가 심심치 않게 일어난다. 사회적 안전망이 무너지고 개인의 무한 책임이 강조되는 이 시대의 짐을 부모들이 고스란히 짊어지고 있는 것이다.

세상의 모든 새는 때가 되면 둥지를 떠난다. 안전한 곳에 둥지가 있다고 해서 둥지를 떠나지 않는 새는 없다. 새들은 본디 나고 자란 둥지를 벗어나 자신의 힘으로 둥지를 틀도록 설계되어 있기 때문이다. 새만 그럴까? 아니다. 어떤 생명이든 때가 되면 자신이 살 곳을 스스로 만들고, 스스로의 힘으로 생명을 유지한다. 그것이 바로 생명의 본능이고 야성이다. 인간도 예외가 아니다. 인간은 동물 중에서 가장 오랫동안 부모의 보살핌을 받고 둥지에 머물러 살지만 인간 역시 때가 되면 둥지를 떠나 자기 힘으로 둥지를 틀려고 하는 본능이 있다.

그러나 많은 현대인들이 집 짓는 본능을 잃어가고 있다. 주머니에 새끼를 넣어 외부의 위험으로부터 보호하려는 캥거루처럼 많은 부모들이 자녀가 좀 더 높은 위치를 차지하도록 도와주려다 보니 오히려 스스로 설 수 있는 힘이 약해져버렸다.

어미 새는 새끼들이 날 때가 되면 절대 먹이를 떠먹여주지 않는다. 둥지 안으로 들어가 목구멍 속으로 먹이를 밀어넣어주는 것이 아니라 새끼가 조금이라도 날개를 퍼덕일 수 있게 둥지 바깥으로 몸을 내밀도록 유도한다. 날 수 있는 힘을 길러주기 위해서다. 새끼들은 둥지 바깥에서 먹이를 물고 있는 어미에게 다가가기 위해 연신 날갯짓을 해댄다. 그리고 어느 순간 비행에 성공하여 둥지를 떠나면 어미 새는 그 뒤로는 새끼가 둥지에 들어오지 못하게 한다. 이제 스스로 둥지를 틀어야 함을 알려주는 것이다.

그런데 우리는 어떻게 자녀를 키우고 있을까? 많은 부모들이 자녀를 독립으로 이끄는 것이 아니라 의존을 조장한다. 아이가 자라면서 날갯짓을 할 수 있도록 배려하지 못한다. 아이들은 둥지 바깥으로 고개를 내밀지도 않고 날갯짓도 연습하지 않는다. 결국 독립의 시기가 계속 늦춰지고 있다. 독립을 한다고 해도 공간만 분리되었을 뿐 경제적, 정신적으로는 여전히 부모에게 의존하는 경우가 많다. 개인의 책임감이 점차 강조되는 사회에서 오히려 의존적인 사람들이 점점 늘어나고 있는 셈이다. 자율성에 대한 욕구가 커지거나 필요성을 느끼면서도 그 부담감과 불편함으로 인해 자신에 대한 책임을 지지 않으려고 한다. 과연 둥지를 떠나지 않고 안전한 곳에만 있으려고 하는 것이 좋은 것일까?

알아서 하는 사람,
시켜야 하는 사람

월급쟁이 마인드와 프리랜서 마인드, 어느 쪽이냐에 따라 삶이 달라진다.

자신이 자율적인 사람인지 아닌지 알 수 있는 방법은 어찌 보면 간단하다. 얼마나 열심히 하느냐는 기준이 아니다. 혼자 있을 때 어떻게 하느냐를 보면 된다. 자율적인 사람은 누가 시키든 시키지 않든, 다른 사람과 함께 있든 혼자 있든 기본적으로 그 모습에서 크게 차이가 나지 않는다. 자신의 일을 스스로 하고 있을 뿐이다. 자율적인 사람들은 기본적으로 삶과 행위의 결정권이 자신에게 있다. 그에 비해 자율적이지 못한 사람들은 누가 시키거나 보고 있을 때, 어떤 보상이 주어질 때 움직인다. 그러므로 혼자 있을 때와 다른 사람과 함께 있을 때 차이가 날 수밖에 없다.

스스로 공부하지 못하는 사람들

공과대학 3학년인 정호 씨는 복학을 앞두고 마음이 괴롭다. 또다시 학교를 다닐 생각을 하니 답답하다. 취업을 생각하면 더 답이 없다. 정호 씨는 중학교 때까지 그런대로 공부를 했지만 고등학교에 들어가서 성적이 떨어지니 공부에 대한 흥미를 잃어버렸다. 그래도 좋은 대학에 가야 한다는 목표와 계속 들볶는 어머니로 인해 간신히 수도권의 대학에 진학할 수 있었다. 그러나 대학에 가고 나서 공부에 손을 놓고 말았다. "대학에만 가면 공부하든 말든 아무 말 안 할 테니까 대학에만 들어가!"라고 했던 어머니 말 그대로 되어버렸다. 대학에서는 누가 시키거나 혼내는 사람이 없다 보니 점점 무질서해졌다. 수업을 빠지고 PC방에 가는 일이 빈번해졌고 장기 결석으로 이어졌다. 결국 정신을 차린다는 명목으로 군대를 갔다. 군대 생활은 나름 잘했다. 시키는 사람이 있기 때문이었다. 정호 씨는 다시 자신감이 붙었다. 제대할 무렵에는 지난 대학 생활과 달리 열심히 해보자는 의지도 대단했다. 그러나 3학년으로 복학한 첫해부터 어려움을 겪었다. 스스로 계획을 세우고 공부하는 것은 여전히 어렵기만 했다. 결국 강의실 대신에 다시 PC방을 드나들기 시작했고, 성적이 너무 안 좋을 것 같아 휴학을 했다. 휴학 기간에도 별 의미 없이 지내오다가 이제 곧 복학을 앞두고 부모님과 함께 상담실을 찾았다.

상담실에서 만난 정호 씨가 내게 물었다.

"복학해서 잘 지내려면 어떻게 해야 할까요?"

이번에는 내가 물었다.

"복학하려는 이유가 뭡니까?"

그는 머뭇거리며 대답했다.

"복학하는 것 말고는 선택이 없어서요."

나는 그에게 복학해서 잘 지내려면 '복학해야 하니까 복학한다'는 이유 말고 왜 복학하는지에 대한 자기 이유를 갖는 것이 중요하다고 이야기했다. 그러자 그는 다시 나에게 물었다.

"복학하는데 제가 어떤 이유를 가지면 좋을까요?"

나는 그 질문을 다시 그에게 돌려주었다. 그것은 내가 해줄 수 있는 것이 아니라 그가 스스로 묻고 찾아야 할 질문이기 때문이다.

정호 씨는 자기 생각과 자기 이유를 가지고 행동한다는 것이 늘 버겁고 어려웠다. 어려서부터 무엇을 해야 하고 어떻게 하는지를 하나하나 챙겨준 어머니가 있었기에 뭔가를 하기 전에 스스로 생각하고 준비하는 것이 부담스러웠다. 매뉴얼이 주어져 있고 누군가 시키면 잘하는데 혼자 알아서 하라고 하면 힘이 들었다. 비단 정호 씨만이 아니다. 많은 학생들이 과도한 사교육에 시달리면서 공부는 힘든 것이고 시키는 사람이 있어야 한다는 생각이 자연스럽게 몸에 배어 있다. 성적만 생각할 뿐 스스로 생각하고 고민하지 않으려고 한다. 자기 주도 학습을 하는 경우가 거의 없다.

자율적인 학습이 가능하려면 학습에 흥미를 가지고, 자신을 가르침을 받는 '피교육자'만이 아니라 '참여자'로서 여길 줄 알아야 한다. 학습 내용을 탐구할 마음가짐을 갖추고 있으며, 다른 사람의 도움 여부와 상관없이 스스로 목표와 기준을 정하고 이를 성취하기 위해 주위의 학습 자원 등을 활용할 줄 알아야 한다.

흔히 학생들이 공부에 대한 의욕을 잃게 되는 시기가 있다. 고등학교와 대학에 들어가서다. 고등학교에 올라가서 의욕을 잃게 되는 가장 큰 이유는 난이도가 높아지고 학습량이 많아지기 때문이다. 잘 모르겠고 할 것이 많으니까 쉽게 질려버리고 의욕을 상실하는 경우가 대부분이다.

두 번째 시기는 대학에 들어가서다. 대학교 공부에 의욕을 잃는 것은 학습 방식이 근본적으로 달라지기 때문이다. 고등학교까지는 기본적으로 시키는 사람들이 있었는데 대학에서는 스스로 해야 하는 환경이 큰 이유를 차지한다. 학습자로서 정체성이 없고 자율성이 떨어지는 학생들은 새로운 학습 환경에 잘 적응하지 못한다. 정호 씨처럼 누군가 시킬 때는 잘했지만 스스로 학습의 참여자가 되어야 하는 학습 방식에는 훈련이 되어 있지 않기 때문이다. 단지 피교육자라는 정체성만 가지고 대학생이 되었다가 스스로 해야 하는 상황에 놓이면서 무질서해지는 경우가 수두룩하다.

이는 유학생이라고 다르지 않다. 국내에서는 아주 좋은 성적을 보였고 열심히 했던 학생이었지만 유학을 가서는 공부를 놔버린 경우가 많다. 꼭 언어나 문화적인 차이 혹은 향수병 때문이 아니다. 자율성과 능동성의 결여가 유학 부적응의 핵심적인 원인이다.

미국암학회가 주는 '젊은 과학자상'을 5년 연속 수상한 천경수 박사도 비슷한 경험을 통해 큰 깨달음을 얻은 적이 있다.[8] 그는 대학원 시절 미국 연수를 떠났다. 미국에 도착해서 좋은 시설을 갖춘 실험실을 돌아볼 때만 해도 많은 것을 배우겠다는 기대감에 부풀었다. 그런데 정작 어느 누구도 자신에게 실험을 가르쳐주는 사람이 없었다. 그는 내심 '교수님끼리 도와주기로 약속했으니 누가 날 지도해주겠지' 하면서 일주일을 기다렸지만 역시 마찬가지였다. 결국 기다림에 지쳐 한 학생에게 따지듯이 물었다.

"왜 아무도 나를 가르쳐주지 않지?"

그러자 그 학생은 어이없는 표정을 지으며 이렇게 대답했다.

"네가 가만있는데 왜 내가 널 가르쳐야 하니? 무엇을, 어떻게, 언제 배우고 싶은지 네가 요구해야지. 우리가 어떻게 알아서 네가 필요한 걸 알려주니?"

생각할수록 맞는 말이었다. 그 말을 듣고 천경수 박사는 큰 부끄러움과 함께 깨달음을 얻었다. 이후 그는 자신의 수동적인 면을 버리고 먼저 묻고 능동적으로 실험하는 자세를 배울 수 있게 되었다.

스스로 일하지 못하는 사람들

우리는 '일'이라는 말을 들으면 부정적인 느낌부터 받는다. '일이 좋아서 하는 사람이 어디 있냐?'는 말처럼 일은 어쩔 수 없이 하는 스트레스고, 생계를 위한 고역이며, 심지어는 형벌의 의미로 받아들이기도 한다. 일이 'ill(아픈, 기분이 나쁜)'인 셈이다.

많은 사람들이 마치 자식 때문에 이혼하지 못하고 형식적으로 부부 관계를 유지하는 것처럼 마음을 닫고 어쩔 수 없이 일을 한다. 회사 밖에서는 의욕을 가지고 다양한 활동을 하지만 회사만 들어가면 의욕이 사라진다. 주말만 기다리고 일요일 오후만 되면 다시 가슴이 답답해지고 머리가 조여 온다. 마음이 이렇다 보니 회사에 가면 시키는 일만 할 뿐이다. 그렇다면 정말 일은 우리에게 고역일까?

실제로 사람들은 일상생활 중 언제 가장 행복을 느낄까? 많은 사람들이 퇴근 후 여가 시간이나 친교 시간이 가장 즐겁다고 이야기한다. 하지만 실시간으로 사람들의 몰입 상태를 조사한 미국의 심리학자 미하이 칙센트미하이_{Mihaly Csikszentmihalyi}에 의하면 의외의 결과를 확인할 수 있다. 사람들이 즐겁다고 하는 여가 시간에는 정작 몰입 상태가 18퍼센트에 불과했지만, 일할 때는 화이트칼라의 경우 64퍼센트, 블루칼라의 경우 47퍼센트가 몰입 상태를 경험하는 것으로 나타났다.[9]

몰입이 꼭 즐거움을 의미하는 것은 아닐 수도 있고, 외국과 우리나라가 다르다고 할 수도 있지만 이 결과는 일에 대한 우리의 태도를 다시 한 번 생각하게 한다. 즉 우리는 일은 괴로운 것이라고 마음을 닫고 있기 때문에 실제로는 일을 더 즐기면서 할 수 있는데도 싫어하는 것으로 착각하고 있는지도 모른다. '일은 괴로운 것'이라는 기본적인 프레임을 가지고 있다 보니 자꾸 마음을 닫고 아무 생각 없이 일을 하게 되는 것이다.

만일 일은 고역이라는 프레임에서 벗어나면 어떻게 될까? 우리는 지금 하는 일과 더 좋은 관계로 나아갈 수 있고, 혹은 좀 더 자신에게 맞는 일을 찾아갈 수도 있을 것이다. 일은 고역이 아니라 자신의 정체성이자 삶의 중심이며, 평생 동안 함께할 사랑의 대상이기 때문이다.

이를 위해서는 월급쟁이 마인드에서 벗어날 필요가 있다. 월급쟁이라는 표현은 말 그대로 돈 때문에 일을 한다는 의미가 강하다. 일에 주인의식이 철저히 배제된 표현이다. 일이 즐거우려면 일을 할 때 주인의식이 필요하다. 일의 주인이 된다는 것은 '회사는 내 것'이라는 마음을 갖는 것이 아니다. 오히려 그보다는 '이 일은 나의 일'이라는 마음가짐이며 이는 월급쟁이 마인드와 구별하여 프리랜서 마인드 혹은 기업가 마인드라고 할 수 있다.

그렇다면 2가지 마음가짐이 어떻게 다를까? 월급쟁이 마인드를 가진 사람은 월급만큼 혹은 시키는 일만 하면 끝이라는 생각으로 일을 한다. 그러나 프리랜서 마인드 혹은 기업가 마인드를 가진 이들은 일이 자신의 정체성과 가치의 일부이기 때문에 결코 대충하지 않는다. 그것은 회사를 위해서가 아니라 자신을 위해서다. 이들은 회사가 당연히 자신을 책임져야 한다고 생각하지 않고 잘하든 못하든 당연히 급여를 줘야 하는 관계로 여기지 않는다. 기본적으로 일을 통해 자신의 능력을 내보이려고 하는 사람들이다.

직장인의 멘토, 고故 구본형 변화경영연구소장은 일에 대한 태도를 가지고 직장인을 '고된자(고용된 자)'와 '스고자(스스로를 고용한 자)'로 나눴다. 먼저 '고된자'는 스스로를 '피고용인'이라 생각하는 단순한 정체성으로 살아가는 직장인이다. 말 그대로 직장에 고용되어 '월급쟁이' 정체성으로 직장에 다니는 사람들이다.[10]

'고된자'는 다시 두 부류로 나눌 수 있다. 급여를 받는 만큼 혹은 잘리지 않을 만큼만 일을 하는 '룸펜형 직장인'과 가느다란 희망을 안고 조직의 상층부로 올라가기 위해 불철주야 일하고 회사에 충성하는 '경주마형 직장인'이다. 이들 중에는 물론 조직의 상층부로 올라가는 기회를 잡는 사람들도 있겠지만, 대부분은 룸펜형 직장인으로 전락하거나 용도 폐기되었다는 배신감으로 회사를 나오게 된다. 결국 또 다른 직장을 찾거나 준비 없이 창업의 세계로 뛰어든다.

그에 비해 '스고자'는 단지 시키는 일을 하는 피고용자로서 자신을 바라보는 것이 아니라 일상의 직무를 자신의 비즈니스로 만들어가기 위한 수련 과정이라 보고 전문성을 심화해나가는 직장인이라 할 수 있다. 이들은 시간이 지날수록 자신의 관심 분야를 찾아 차별적인 전문성을 갖추고 스스로 회사를 골라 가거나 준비된 1인 기업가로서의 삶을 살아간다.

셰프가 되라

같은 전공을 공부했지만 대학을 졸업한 후 삶의 모습은 다들 제각각이다. 입사 동기라고 하더라도 시간이 지날수록 실력에서 차이가 난다. 어떤 이들은 자기 분야의 전문가가 되어 있지만 어떤 이들은 다른 사람이 시키는 일을 하면서 마지못해 직장 생활을 한다. 그것은 기본적으로 능력보다는 일에 대한 정체성과 태도의 차이 때문이다.

요리하는 사람을 가리키는 말로 'cook'과 'chef'가 있다. 쿡은 주부처럼 요리하는 사람 일반을 의미한다면 셰프는 주방장이나 전문 요리사를 일컫는다. 즉 셰프라면 자신의 전문 요리분야와 요리에 대한 자신의 철학과 독창적인 레시피를 가지고 있고 더 나아가 경영 능력까지 갖추고 있다. 그래서 음식점의 주인이라고 해도 셰프의 눈치를 살필 수밖에 없다. 적어도 주방만큼은 주인도 어떻게 할 수 없는 자기만의 공간인 것이다. 유능한 셰프일수록 쉽게 대체될 수 없다.

직장인 상담을 하다 보면 스트레스를 많이 받고 고용불안에 시달리는 직장인들은 '셰프형 직장인'이 아니라 '쿡형 직장인'이다. 쿡형 직장인들은 여러 가지 일에 대한 경험은 있지만 스스로 깊이를 추구하지 못해 셰프와 같은 전문가라 할 수 없다. 결국 살기 위해서 자신을 억누르고 조직에 충성하는 수밖에 없다. 한편으로 마음 한 구석은 늘 불안하다. 얼마든지 대체될 수 있기 때문이다. 그러므로 직장인이라면 쿡이 아니라 셰프가 되어야 한다. 주어진 대로 수동적으로 일하는 자세에서 벗어나 자신의 일을 스스로 만들어가야 한다. 깊이와 새로움을 추구하여 차별화된 가치를 제공함으로써 고객을 감동시킬 수 있는 셰프가 되어야 한다.

셰프형 직장인은 노동을 단순히 생계 수단으로서 생각하지 않고 자기 표현과 정체성의 일부로 바라본다. 스스로 업무 방식에 변화를 주고 독창성을 발휘하여 능동적으로 업무를 처리한다. 그렇다면 어떻게 지금의 일에 능동성을 부여할 것인가? 길게는 자신의 분야를 정하고 그 분야에서 전문가로 성장하기 위한 '방향성'을 잡고 '실력'을 쌓아가야 한다. 그리고 지금 바로 자신의 일을 능동적으로 재구축하는 것이다. 예일대학교 조직심리학자인 에이미 프제스니에프스키Amy Wrzesniewski는 능동적인 업무 재구축을 위해 3가지 방향을 제시한다.

첫째, 업무의 종류, 내용, 형식, 양을 변화시킨다
예를 들어 후임을 위해 업무 매뉴얼을 만들어볼 수도 있고, 보고의 형식을 바꿔보거나 새로운 제안을 할 수도 있다. 마케팅이라면 고객을 좀 더 세분화된 방식으로 분류해서 접근해본다.

둘째, 관계나 사회적 접촉을 늘려간다

동료나 고객과의 대화를 늘려보거나 비슷한 업무를 하는 사람들이 있는 커뮤니티에 가입하거나 자신의 업무를 통해 지역사회에 공헌할 수 있는 기회를 찾아본다.

셋째, 자신이 맡은 업무를 재정의한다

자신이 하고 있는 업무를 내적 가치와 의미를 담아 적극적으로 재정의하는 것이다. 화장품을 판매한다면 단지 생계를 위해 화장품을 파는 사람이라는 생각에서 벗어나 '사람들의 아름다움을 가꾸어주는 사람'이라고 보다 적극적으로 재정의를 내리는 것이다.

이는 직장인에 국한된 이야기가 아니다. 어떤 활동을 하고 있더라도 그 분야에서 어떻게 차별적인 전문성을 획득할 수 있을지 고민해보자. 지금 하고 있는 활동에 의미와 가치를 담아 적극적으로 재정의를 해보자. 그리고 지금 활동을 능동적으로 재구축해보자. 자신이 하는 활동을 통해 자기 세계를 만들어가는 삶의 셰프가 되자.

적응과 순응 사이

한동안 나는 어디를 가더라도 적응을 잘하는 사람이라고 생각한 적이 있었다. 분위기를 잘 파악했고, 주어진 일은 꼼꼼히 했으며, 무엇보다 누구도 나를 싫어하는 사람이 없도록 예의 바르게 행동했다. 당연히 어디에서든 싫은 소리를 별로 들어본 적이 없다. 그런데 시간이 지나면서 점점 그런 내 자신이 싫어졌다. 가만히 나를 들여다보니 그야말로 무색무취에 진정한 인간관계가 없었다. 사람들이 나를 싫어하지 않는 데 초점을 맞추었지 내가 좋아하는 사람들에게 초점을 맞추지 못했기 때문이다. 자기 주장도 없이 여러 부류의 사람들에게 골고루 잘 맞춰주는 식으로 인간관계를 맺고 있었던 것이다. 세상을 잘 살아간다고 생각했지만 사실은 적당히 타협하며 좋은 게 좋은 거라고 생각하며 살아가고 있었다. 스스로 잘 적응한다고 생각했지만 그것은 적응이 아니라 순응이었다. 다른 사람들과 환경에 나를 맞추느라 점점 나를 잃어가고 있었다.

자발적 복종

"왜 대들지 못했습니까?"

기자가 묻자 TV 속 남자는 응답 없이 조용히 웃기만 했다. 그는 10여 년 전 언론을 통해 '현대판 노예'로 소개된 적이 있었다. 5살 때 자장면을 사준다는 꼬임에 넘어가 신안의 한 섬에서 무려 44년간 노예처럼 일하며 살아왔다. 자연히 세월이 흐르면서 그를 유괴한 범인은 늙고 힘없는 노인이 되었고 그는 범인보다 덩치도 커지고 힘도 세졌지만 저항 한 번 하지 않았다. 오히려 맞고 지내면서도 범인의 말을 잘 따르고 심지어 그를 보살펴왔다. 결국 그의 노예 생활이 중단된 것은 스스로의 노력이나 투쟁이 아니었다. 부당한 폭행을 보다 못한 마을 주민의 뒤늦은 신고 때문이었다.

미국의 심리학자 마틴 셀리그먼Martin Selligman은 동물 실험을 통해 절망은 학습된다는 사실을 입증해 보인 바 있다. 고통을 피할 수 없는 실험실의 개는 어느 시점을 넘어서면 더 이상 고통을 피하려는 행동을 포기한 채 수동적으로 고통을 받아들이게 된다는 것이다. 더 무서운 것은 그 이후에 고통을 피할 수 있는 조건에서도 적극적으로 피하려는 행동을 보이지 않는다는 점이었다. 셀리그먼은 이를 '학습된 무력감learned helplessness'이라고 명명하였다. 그는 사람들도 저항할 수 없는 고통이 주어지면 다르지 않다고 했다. 야생의 동물을 봐도 그렇다. 아무리 사납게 날뛰는 야생마라도 안장을 얹고 고삐를 달아 길들이면 어느 순간부터 도망가지 않는다. 스스로 살아가는 힘, 즉 생명의 주체성을 잃어버린 것이다.

셀리그먼의 이야기처럼 사람도 고통을 피할 수 없으면 무기력해지며 아무 저항도 하지 못하게 된다. 그러나 그것으로 끝이 아니다. 가해자의 논리와 기준이 자신의 논리와 기준으로 변화되기도 한다. 가정 폭력이 일상적으로 벌어진다면 '내가 맞을 만한 짓을 했으니까 부모가 화가 났겠지' 하고 생각하게 된다. 더 나아가 닮지 말아야 할 대상을 닮아가고, 본받지 말아야 할 생각이나 태도, 행동을 따라하게 된다. 절망에서 끝나는 것이 아니라 가해자가 바라는 대로 행동하고 때로는 스스로 칭찬받고자 과잉 충성을 펼친다. '학습된 무기력'을 넘어 '자발적 복종'의 단계에 이르는 것이다.

이러한 '자발적 복종'은 사실 현실 도처에서 벌어지고 있다. 사회에 나와 돈과 권력, 줄 세우기 앞에서 우리는 부당한 대우를 받고 한동안 절망하고 분노하지만 이내 더 이상 절망도 분노도 하지 않게 된다. 점점 자기 자신을 버리고 강자에게 머리를 조아리며 굽신거린다. 자신의 뜻대로 할 수 없는 상황에서 우리가 할 수 있는 선택은 많지 않다. 한 걸음 뒤로 물러나 문제가 되지 않을 정도로만 방관하거나 강자의 논리를 적극적으로 받아들여 강자가 되는 꿈을 꿀 수밖에 없다. 그래야 괴롭지 않으니까. 어느 순간 자신을 억누르는 사람들에게 겉으로만 굴복하는 것이 아니라 그와 공동운명체가 된다. 강자의 논리로 생각하고 강자가 바라는 대로 행동하며 그의 인정을 바라고 충성을 다한다. 그리고 자신보다 약한 존재를 찾아 강자 행세를 한다. 강자나 가해자의 논리로 무장하면서 자신은 이제 더 이상 약자가 아니라고 착각한다.

이러한 '자발적 복종'의 단계가 되면 주체성과 자율성 회복이 정말 힘들어진다. 내가 누구이고 내가 정말 원하는 것이 무엇인지 더 이상 생각하지 않고 강자와 지배자의 이데올로기로 세상을 살아가기 때문이다. 이 단계는 스스로 자유를 포기하고도 '적응'이라고 생각하거나 내외부 간의 '인지부조화Cognitive dissonance'가 생기지 않기 때문에 무엇이 문제인지 전혀 생각조차 못한다. 자신이 정신적 노예가 되었다는 사실조차 망각하고 자신이 여전히 자율적 존재라며 착각하고 살아가는 것이다. 그러나 열심히 살아갈수록 자기 소외는 더욱 깊어진다.

그렇다면 그 끝은 어디일까? 예전처럼 조직이 평생 안전을 보장해주지 못하는 이 시대에 자발적 복종의 대가는 더욱 처참하다. 스스로 살아갈 힘을 잃어버린 상태에서 때 이르게 혹은 예상치 못한 순간에 조직 밖으로 내몰리기 때문이다. 결국 별다른 준비 없이 자신이 용도 폐기되었다는 배신감에 치를 떨며 차가운 현실과 마주하는 수밖에 없다. 그러나 야성을 잃어버린 동물원의 동물처럼 자율성을 잃어버린 사람이 다시 주인으로 살아가기란 쉽지 않다. 과연 그것은 누구를 위한 인생이었던가!

우리는 오늘도 열심히 살아간다. 그런데 지금 우리가 하는 노력이 누구를 위한 것일까? 과연 나를 위한 것일까? 나는 나의 삶을 위해 살아가고 있는 것일까?

'예'가 아니라 '아니오'를 통해 자아가 발달한다

이렇듯 우리는 순응을 적응이라고 생각하고 자발적 복종을 자율이라고 착각하기 쉽다. 정신의학적으로 보면 '적응adaptation'에는 2가지 의미가 있다. 하나는 자신을 억제하고 환경이나 상황에 자신을 맞추는 '조절accommodation'의 의미다. 이는 소극적 의미의 적응이며 순응이라 할 수 있다. 그에 비해 적극적 의미의 적응이란 단지 환경과 조화로운 관계를 유지하는 차원을 넘어 자신의 욕구나 동기를 충족시키기 위해 자신에 맞게 환경을 변화시키는 것을 말한다. 이는 '동화assimilation'라고 표현한다.

예를 들어 일이라고 한다면 주어진 일에 자신을 꿰맞추는 것은 조절이고, 자신에 맞게 일을 계속 변화시켜가는 것은 동화다. 외부에 일방적으로 자신을 맞추는 것이 순응이라면 적응은 외부와 자아의 조화를 꾀하는 활동이다. 그렇기 때문에 건강한 적응은 동화와 조절의 균형이 필요하다. 지나친 조절은 주체성을 잃기 쉽고, 지나친 동화는 경직성과 갈등으로 적응을 어렵게 만들기 때문에 안정과 변화의 조율을 유지하는 것이 적응의 관건이다. 외부와의 끊임없는 갈등으로 불협화음이 끊이지 않는 부적응도 문제지만, 외부에만 자신을 맞추느라 자신에 맞게끔 환경을 변화시켜나가지 못하는 무소음 또한 부적응이라고 할 수 있다.

인간의 발달에는 크게 2번의 반항기가 있다. 우리가 흔히 알고 있는 사춘기의 반항은 제2 반항기고, 제1 반항기는 좀 더 어린 나이다. '미운 세 살'이라고 일컬어지는 2세부터 4세 사이다. 이 시기의 아이는 엄마와 분리를 시작한다. '싫어!', '내가 할래!'라며 반대와 주장을 표현할 줄 알게 되고 자기 뜻대로 안 해주면 심하게 떼를 쓴다. 부모 입장에서는 화가 치밀어 오를 때가 많다. 어떤 부모들은 매를 들고 힘으로 눌러버린다. 그런데 이 시기의 반항을 자율성의 씨앗으로 보지 못하고 완전히 힘으로 꺾어놓으면 자라면서 더 큰 문제가 발생하기 쉽다. 어느 정도의 시기까지는 표면적인 문제가 없고 오히려 다루기 쉬울지 모르겠지만 시간이 지나면서 더 큰 반항 혹은 지나친 순응으로 나타난다.

우리는 '반항'을 너무 부정적으로만 본다. 부모 말을 잘 들으면 착한 아이고, 잘 안 들으면 나쁜 아이라는 생각이 뿌리 깊이 박혀 있다. 그렇다 보니 정상적인 발달 과정에서 나타나는 반항도 나쁘게 보거나 불필요한 것으로 본다. 그러나 두 시기의 반항은 아이가 나빠서도 아니고 그렇다고 부모가 잘못 키워서도 아니다. 낯설고 거칠지만 발달과 성장 과정에서 꼭 거쳐야 할 통과의례 같은 것이다.

이 시기의 반항이야말로 자아 형성의 토대가 된다. 자아의 형성은 기본적으로 '내가 남과 같다고 느낄 때'가 아니라 '내가 남과 다르다고 느낄 때' 이루어진다. 그러므로 사람은 기본적으로 '예'를 통해서가 아니라 '아니오'를 통해서 자아를 만들고 분화시켜간다. 반항은 자아 발달의 원료가 된다. 부모가 해주는 대로 따르지 않고 아이가 혼자서 신발을 신거나 밥을 먹으려는 것은 자신의 힘으로 세상을 살아가려는 원초적인 자율성의 모습이다. 물론 옆에서 보면 어설프고 답답하고 화가 난다. 시간도 오래 걸리고 음식물을 쏟거나 그릇을 깨뜨리기 일쑤며 엉망으로 하기 때문이다. 그래서 '자율성'과는 거리가 먼 '자기 멋대로'의 모습으로 보일 수밖에 없다.

하지만 생각해보자. '성숙한 자율성'은 어디에서 나오고 길러지는 것일까? 바로 자기 멋대로 하려는 '미숙한 자율성'에서 비롯된다. 그러므로 반항심을 무분별하게 허용해서도 문제지만 그 뿌리가 뽑혀서도 안 된다. 반항심이란 기본적으로 뽑아내는 것이 아니라 잘 다듬어나갈 대상이다.

사춘기도 마찬가지다. 만일 부모의 강압에 눌려 반항심이 죽어버리면 '의지 없는 아이'가 되며, 만일 반항심이 잘 다듬어지지 않으면 '버릇없는 아이'가 되고 만다. 게다가 이 시기에 만들어진 지나친 순응과 반항의 패턴은 마치 유전자 코드처럼 몸과 마음에 새겨져 다른 사람과의 관계나 환경에서도 동일한 패턴을 반복한다. 즉 혼자 힘으로 살아가지 못해 타인에게 휘둘리는 삶을 살거나 권위와 질서에 늘 반발하거나 쓸데없는 고집을 피워 점점 무질서와 파괴적인 삶으로 나아갈 수 있다. 사춘기와 유아기의 반항과 투쟁은 성장의 필수 과정이고 자양분이라는 사실을 부모와 자녀 모두 이해하는 것이 꼭 필요하다.

건강한 반항은 필요하다

모든 반항이 다 좋다는 의미는 아니다. 반대를 위한 반대와 파괴적인 삶으로 흘러가는 반항은 나쁜 반항이다. 다른 사람들의 의견은 들지 않고 오직 자신만 옳다고 생각하는 모습, 오래된 것은 무조건 고리타분하고 타파해야 한다고 생각하는 모습, 자기 할 일은 하지 않고 하나밖에 없는 삶을 망가뜨려 부모의 기대를 무너뜨리고 복수하려는 모습, 합리적인 권위나 질서조차도 매이지 않으려 하고 자기 하고 싶은 것만 하려는 모습 등은 '병적인 반항'이다.

이에 비해 '건강한 반항'도 있다. 다른 사람들을 따라가기보다 자기의 길을 걸어가는 태도, 자신의 자아를 속박하려는 것들에 대하여 이의를 제기하고 그것을 벗어나려는 모습, 기존의 생각과 방식에 대해 똑같이 따라하지 않고 더 좋은 방식과 다양성을 추구하는 자세, 사회적 비판 의식을 가지고 부당한 간섭이나 불합리한 제도에 대해 분노할 줄 알고 이를 해결해나가려는 행동 등은 건강한 반항이다.

사람은 이 건강한 반항이 있어야 개성이 드러나고 자기 색깔을 지닐 수 있다. 바로 매력을 지니는 것이다. 그런 의미에서 반항은 일종의 울타리에 비유할 수 있다. 좋은 울타리는 자신에게 좋은 것은 받아들일 줄 알고, 좋지 않은 것은 밀어낼 줄 아는 필터 같은 역할을 한다. 그러나 지나친 반항은 높은 울타리와 비슷하다. 외부와 원활한 소통을 하지 못하고 고립되어 있는 상태다. 반대로 반항이 없는 모습은 울타리가 없는 상태와 비슷하다. 아무나 허락 없이 들어가서 제대로 관리가 안 된 상태라고 할 수 있다. 자아가 자라날 수도 없고 지켜낼 수도 없다.

우리에게는 건강한 반항이 필요하다. 아이 시절이나 사춘기 시절의 반항의 에너지야말로 자아 발달의 원동력이다. 다만 미숙한 반항의 모습에서 점점 건강한 반항으로 다듬어나가야 한다. 건강한 반항이 있어야 타인의 시선과 평가에서 벗어나 자신의 삶을 스스로 결정하고 만들어나갈 수 있다.

2012년 줄기세포 연구로 노벨의학상을 수상한 케임브리지대학교 존 거든John Gurdon 교수의 경우를 보자. 그는 이튼학교 시절에 생물과목 점수가 꼴찌였다. 그것도 성적 부진 학생들만을 위해 개설된 생물 수업에서 꼴찌를 했다. 정말 '꼴찌 중의 꼴찌'를 한 것이다. 그래도 꿈은 야무졌다. 과학자가 되겠다는 것이 소원이었다. 하지만 생물 선생님은 냉정하게 그의 성적표에 이렇게 기록했다.

'거든이 과학자가 되고 싶다는데 현재로선 상당히 엉뚱하다고 판단됨. 생물에 대한 단순한 지식조차 습득할 수 없다면 과학자로 일할 수 있는 기회를 얻지 못할 것으로 보임. 그 자신에게나 그를 가르쳐야 할 사람에게도 완전히 시간 낭비가 될 듯함.'

그는 선생님의 평가를 뛰어넘을 수 없어 과학과는 거리가 먼 고전 문학을 선택했다. 그러나 마음속에 간직한 과학자가 되고 싶은 오랜 열정은 대학에 가서도 버릴 수 없었다. 그는 마음이 시키는 대로 전공을 동물학으로 바꿨고, 이후 다시 생물학 연구에 몰두했다. 그 결과 가슴이 시키는 일을 선택한 대가로 노벨상을 받을 수 있었다. 만일 그가 한때의 성적과 외부 평가에 굴복하고 말았다면 어떻게 되었을까? 그는 외부 평가를 거부하고 자신의 열정과 노력을 통해 자신이 어떤 사람인지를 스스로 증명해보인 것이다.

살다 보면 당신을 아무렇게나 대하는 사람을 만나게 된다. 그들은 한 인간이 가진 가능성보다는 지금 '보이는 것'과 '가지고 있는 것'에 주목한다. 그러나 자신에 대한 진정한 평가는 자기 자신만이 내릴 수 있다. 당신을 쉽게 재단하는 사람들에 대해 분노할 줄 알아야 한다. 그리고 그 분노를 생산적인 에너지로 다시 전환할 수 있어야 한다. 그래서 그들이 알지 못 한 당신의 진정한 면을 보여줄 수 있어야 한다. 그것이야말로 건강한 반항이다.

어디 그뿐이랴. 만일 인간이 노예의 삶을 운명으로 받아들이고 순응하고 살았다면 지금의 민주주의는 없었을 것이다. 노예의 삶에 반기를 들고 자유와 인권을 위해 싸웠기 때문에 지금의 민주주의를 이룩해낸 것이다. 어떻게 보면 인간의 역사 자체가 반항의 역사인 것이다. 달리 말하면 스스로의 삶을 결정하고자 하는 자율의 욕구를 실현시켜온 것이라고 할 수 있다. 그러므로 그 사회가 얼마나 발달했는지를 보려면 그 사회 구성원의 개별성과 자율성을 얼마나 존중하고 있는지를 보면 알 수 있다.

인간은 반항을 통해 자기를 찾고 반항을 통해 발전을 해왔다. 반항은 창조와 동기부여를 위한 최고의 원료다. 그러나 안타깝게도 많은 사람들이 건강한 반항심까지 거세당하거나 스스로 거세한 채 살아간다. 불만을 애써 억누르고 기본적인 비판 의식조차 갖지 못한 채 주어진 일만 하려고 한다. 스스로의 삶에서 가능성과 잠재력을 배제하고 어제와 같은 오늘을 무한 반복하고 있다.

하지만 우리 안에는 분명 거세되지 않은 반항심이 남아 있다. 그러한 반항심이 건강하게 표현될 때 우리 삶은 다시 한 번 생기를 띠게 된다. 자신을 표현하고 자기 색깔을 드러내며 안전 지대를 넘어 새로운 세계에 도전함으로써 감춰진 진짜 모습을 드러낼 수 있다. 그런 의미에서 《반항하는 인간L'Homme révolté》에서 알베르 까뮈Albert Camus가 한 말은 의미심장하다.

"반항하는 인간은 있는 그대로의 자신을 지키려고 한다. 반항하는 인간은 단지 자신이 갖지 못했거나 남이 빼앗아간 재산을 요구하는 것이 아니다. 그가 목표하는 바는 자신이 가지고 있는 그 무엇을 남들로 하여금 인정하도록 하는 데 있다."

좋은 게 좋은 것이 아니다. 인생은 결코 별 것 없지 않다. 세상에 길들여지지 마라. 더 이상 주위의 요구에 대해 '예스맨'으로 살아가지 마라. 반항할 수 있을 때 우리는 자기가 되고 더 나아가 창조적 존재로 도약할 수 있다.

스스로 살아갈 때 행복하다

무남독녀 외동딸인 미정 씨는 일찍부터 이혼한 엄마와 함께 자라났다. 엄마는 미정 씨를 끔찍이도 아끼며 모든 것을 희생하며 키웠다. 넉넉한 형편은 아니었지만 아이를 위해 할 수 있는 것은 뭐든 해주려고 애썼다. 힘든 일을 하면서도 새벽에 일어나 아침밥을 챙겨주지 않은 날이 없었고 손에 물 한 방울 묻히지 않으며 키웠다. 엄마는 친구들을 만나지도 그 흔한 여행 한 번 다니지 않고 오직 딸을 위해 살았다. 미정 씨도 그런 엄마의 희생을 모르는 것이 아니다. 그럼에도 불구하고 그녀는 자신의 성장 과정이 결코 행복하지 않았다고 말한다. 여러 가지 이유가 있지만 가장 큰 이유는 통제와 간섭이 많았기 때문이다. 엄마는 많은 것을 주었고, 많은 시간을 함께했지만 그녀 스스로 무엇을 원하는 지 느끼고 스스로 선택하도록 허락하지 않았다. 안전하게 키워야겠다 는 생각만 가득했다. 엄마는 딸이 그런 자신의 마음을 어느 정도 이해 하리라 생각했다. 그런데 초등학교 때만 해도 말도 잘 듣고 공부도 잘 했던 딸아이와 사춘기 이후부터 서른 살이 된 지금까지 사사건건 부딪 치고 있다. 엄마는 너무 억울하고 화가 난다. '내가 누구를 위해서 이렇 게 살았는데…… 엄마가 얼마나 고생한 줄 딸이 조금이라도 안다면 어 떻게 나에게 이럴 수 있을까?' 싶었다. 그런데 '내가 누구를 위해……' 라는 그 말은 미정 씨가 가장 듣기 싫은 말이다. 그 말만 들으면 숨이 막힐 정도다. 마음 한켠에는 엄마에 대한 연민과 사랑이, 또 한쪽에는 미움과 분노가 두 갈래로 나뉘어 싸웠다.

·

"내 인생을 살고 싶어요. 그런데 어떻게 해야 할지 모르겠어요. 엄 마가 나에게 원하는 바는 알겠지만 정작 내가 원하는 것은 무엇인지 모르겠어요. 무엇을 하거나 선택할 때 제일 먼저 엄마가 어떻게 생각 할지부터 걱정하게 돼요. 답답하게도 내가 나를 믿지 못하는 거죠. 일 이 잘못되면 내 생각이나 결정이 잘못된 것 같은 느낌부터 드니까요. 그때마다 엄마한테 화가 나요."

미정 씨는 울음을 터뜨리며 자신의 인생을 살지 못하고 있는 답답 함을 이야기했다. 그녀는 심리 검사 시간에 자신의 심정을 그림으로 그려보라고 하자 두 장을 그렸다. 한 장에는 좁고 기다란 화병에 꽂혀 얼굴만 밖으로 내밀고 있는 자신의 모습이 담긴 그림을 그렸고 다른 한 장에는 큰 나무와 작은 나무를 그렸는데 큰 나무의 뿌리가 작은 나무의 뿌리를 온통 휘감고 있었다. 거기에는 억눌려서 제대로 자라나지 못한 그녀의 자아가 고스란히 담겨 있었다.

미정 씨와 같이 가족과 과도하게 밀착된 관계로 인해 힘들어하는 사람들이 상담실을 자주 찾는다. 떼려야 뗄 수 없는 관계가 가족인 만큼 그 갈등을 고스란히 안고 살아갈 수밖에 없다. 가족 갈등의 핵심은 자율성과 관계성의 충돌이다. 인간관계란 심리적으로 밀착되면 의도하든 안 하든 상대를 위하는 애정과 관심이 집착과 간섭으로 나타나기 쉽다. 알게 모르게 돈, 보살핌, 힘이나 위협으로 상대방을 자신의 뜻대로 조종하려고 든다. 자율성과 개별성이 억눌릴 수밖에 없다. 미정 씨가 엄마에게 짜증을 내는 것은 자율성의 욕구가 지나치게 억눌려서다. 부모 입장에서 '나는 좋은 것만 주려고 하는데 넌 왜 받아들이지 않느냐!'고 생각하는 것은 곤란하다. 진정한 사랑이란 '자율성'과 '개별성'을 해치지 않는다. 자신이 원하는 것을 상대에게 주는 것이 아니라 상대가 원하는 것을 원하는 때에 주는 것이 사랑의 본질이다. 사랑이라 하더라도 자율성과 개별성이 손상되면 그러한 사랑은 위협이 된다. 예컨대 배가 고픈데 계속 밥을 먹지 못하면 앞이 잘 보이지 않는다. 잠을 자고 싶은데 잠을 잘 수 없다면 미칠 노릇이다. 그 상태가 오래 되면 어떻게 될까? 병이 들거나 죽기 마련이다. 자율성의 욕구도 그렇다. 스스로의 힘으로 삶을 살아가고자 하는 것은 누구에게나 있는 근원적 욕구이자 힘이다. 식욕이나 잠처럼 충족되지 않으면 정신이 힘들어지고 병들 수밖에 없다. 단언컨대 자율성은 꼭 채워져야 할 본성적인 욕구인 것이다.

자율성을 위협하는 관계는 결국 비극으로 치닫는다. 극단적인 힘겨루기로 이어지며 공멸하거나 자율성의 상실로 이어진다. 자율성의 상실은 자아의 위축이자 심하면 자아의 붕괴라고 할 수 있다. 겉으로 드러나는 큰 싸움이 없더라도 억압된 자율성은 여러 가지 수동적인 형태의 저항으로 나타난다. 못 들은 척하고, 꾸물거리고, 말 안 하고, 더 나아가 자신의 삶을 상대에게 저항하기 위한 수단으로 삼고 자기 파괴적인 행동을 일삼는다. 자해나 가출처럼 드러나는 반발이 아니라 게임이나 여러 중독에 빠짐으로써 자신의 삶을 놓아버리는 것이다. 심각하게는 존속살해와 같은 끔찍한 사건처럼 억눌러온 분노를 한꺼번에 표출시키기도 한다.

우리는 기본적으로 누군가의 지시나 명령에 따라 움직이는 것에 대한 반발심이 있다. 그래서 하려고 마음먹었더라도 그 순간 누군가 하라고 지시하면 '뭐야, 내가 하려고 했는데……. 꼭 시켜서 하는 것처럼 됐잖아. 에이, 하기 싫어!'가 되어버린다. 공부하려고 했는데 공부하라고 혼내거나, 집안일을 하려고 했는데 시키는 것 같으면 하기 싫어지는 것이다. 이러한 청개구리 심리는 유치하지만 그 뿌리는 스스로 결정하고 자신의 의지대로 살아가고 싶은 '자율성의 욕구'에서 비롯된다. 그래서 우리는 자신을 스스로 조절할 수 없을 때 크게 스트레스를 받는다.

대표적인 예로, 병이나 사고로 인해 환자가 되는 경우를 들 수 있다. 환자가 되면 이중의 스트레스에 시달린다. 일차적으로 병이나 사고로 인한 고통 때문에 힘들다. 이차적으로 치료 과정에서 단지 수동적인 환자 역할을 하며 시키는 대로 따라야 하는 데서 스트레스를 받는다. 이는 치료에도 부정적 영향을 미칠 수밖에 없다. 반면 환자의 자율성을 배려하면 치료 효과는 더욱 높아진다. 환자에게 병이나 치료와 관련된 진실을 알리거나 스스로 결정할 자유를 주며, 의사 결정에 참여할 기회를 제공함으로써 긍정적인 효과를 기대할 수 있다.

2009년도 국내 암 연구팀이 345명의 암 환자와 그 가족을 대상으로 자신의 병 상태를 아는 것이 치료와 죽음의 질에 어떤 영향을 주는지를 조사했다. 조사 시점에 68.4퍼센트(236명)는 자신의 병 상태를 알고 있었고 나머지 31.6퍼센트(109명)는 모르고 있었다. 그 결과 자신의 상태를 아는 환자들은 놀랍게도 희망과 즐거움을 유지하고 병과 죽음을 의식하지 않으며 지내는 시간이 병 상태를 모르는 환자들보다 더 많았다. 이는 자신의 병 상태를 알고 치료 과정에 참여하도록 자율성을 존중하는 것이 치료와 삶의 질에 긍정적인 영향을 미친다는 사실

을 잘 보여준다.[11]

　환자의 자율성이 치료에 효과가 있음을 보여주는 또 하나의 사례로 자가 통증 조절 장치를 들 수 있다. 이는 분만이나 개흉술처럼 심한 통증을 느낄 때 정맥이나 경막외강으로 설치된 장치를 통해 스스로 진통제를 투여하는 방식이다. 1970년대 처음 시도된 이 자가 통증 조절 방법은 환자가 통증을 느낄 때마다 스위치를 누르면 소형 컴퓨터로 조절되는 펌프가 작동해 미리 정해놓은 양의 진통제가 주입된다. 물론 지나친 사용을 막는 안전 장치도 되어 있다. 쉽게 말해 통증을 느낄 때 환자 스스로 진통제를 투여할 수 있다.

　과연 이러한 장치가 환자들의 진통제 사용을 늘렸을까? 줄였을까? 결과적으로 보면 진통제의 총투여량을 줄였다. 그리고 스스로 통증의 변화를 지켜보고 환자 자신이 통증을 조절할 수 있음을 이해함으로써 통증에 따른 불안감을 해소할 수 있었다. 즉 환자들은 통증 발생에 대한 스트레스를 줄이고 치료에 능동적으로 참여함으로써 오히려 진통제 사용을 줄일 수 있었던 것이다.

　환자를 치료의 대상이 아니라 치료의 주체로 바라보는 관점의 전환이 필요하듯 관계에서 생기는 갈등 또한 힘겨루기 대신 상대방을 개별적이고 자율적인 존재로 인정할 때 풀어진다.

자기결정권과 행복의 관계

1958년 영국에서는 그해에 태어난 1만 7,000여 명의 아이들을 대상으로 대규모 횡단 연구를 했다. 전국 아동 발전 연구(National Child Development Study ; NCDS)라고 명명된 이 자료를 통해 영국인의 행복도를 살펴봤더니 부와 행복은 크게 상관관계가 없었다. 하지만 미숙련 직업인을 5단계라고 보고 가장 전문성을 갖춘 직업인을 1단계라고 봤을 때 상위 단계로 올라갈수록 행복도가 올라가는 것으로 조사됐다.

그렇다면 부 외에 어떤 요소가 사회 계층의 행복도와 관련이 있었던 것일까? 여러 가지 요소가 있지만 상위 계층으로 올라갈수록 '자기 결정권'이 높았다. 즉 "자신의 의지대로 삶을 통제하고 있는가?"라는 질문에 대한 대답을 살펴보면 전문직인 1단계가 가장 높았고 미숙련 직업인인 5단계가 가장 낮았다. 연구 결과에 의하면 가난하지만 개인적 통제 점수가 높은 사람들은 삶의 만족도가 10점 만점에 7.85점으로 비교적 높았지만 부자이면서 통제 점수가 낮은 사람들은 5.82점으로 삶의 만족도가 낮았다.

결국 이 말은 삶을 통제할 수 있는 다른 방법을 찾을 수 있거나 자신의 의지대로 살아가고 있다면 비록 소득이 낮더라도 얼마든지 행복할 수 있다는 것이다. 아무리 대궐 같은 집에서 진수성찬을 먹더라도 스스로 결정할 수 있는 부분이 없다면 차라리 초가집에서 보리밥을

먹더라도 자기 마음껏 살아가는 것이 더 행복할 수 있다.[12]

또 다른 연구를 보자. 조직에서 리더 그룹과 비리더 그룹 간 누가 더 스트레스를 많이 받을까? 2012년 하버드 케네디 스쿨 연구원인 개리 셔먼Gary Sherman은 지위에 따른 스트레스를 조사했다. 회사에서 리더인 사람 148명과 아닌 사람 65명에게 스트레스 수준을 묻고, 코르티솔 수치를 측정했다. 코르티솔은 불안을 유발하는 스트레스 호르몬이다. 그 결과, 리더인 사람이 아닌 사람보다 스트레스 수치와 코르티솔 수치가 낮은 것으로 나타났다. 특히 코르티솔 수치는 비리더 그룹보다 27퍼센트 더 낮았다.

셔먼은 다시 리더 그룹 내 75명에게 같은 실험을 했다. 그랬더니 이번에는 리더 중에서도 권한이 많은 사람일수록 스트레스 수치가 더 낮았다. 셔먼은 상황 통제력과 미래 예측 권한 여부가 스트레스 정도에 영향을 미친다고 분석했다. 그 말은 우리가 상황이나 삶에 대한 통제력을 잃어갈수록 스트레스를 크게 받는 것을 의미한다. 그리고 이러한 상황이 장기화될수록 우리는 자존감이 떨어지고 무력감과 우울감 속으로 빠져든다.[13]

자기결정권이 왜 중요한지 또 다른 연구를 보자. 하버드대학교 심리학과 교수 엘렌 랭어Ellen Langer와 록펠러재단 회장 주디스 로딘Judith Rodin은 통제감 실험을 했다. 두 사람은 코네티컷의 요양원으로 향했다. 그리고 직원들과 함께 거주자들을 4층과 2층의 두 집단으로 나누어 조금 다른 요구 사항을 전달했다. 4층의 노인들에게는 이렇게 이야기를 했다.

첫째, 우리가 도와줄 테니 원하는 대로 방을 꾸며라.

둘째, 식물을 선물로 주려고 하는데 원하는지 아닌지, 원한다면 어떤 것을 원하는지 말하고 본인이 좋을 대로 관리하라.

셋째, 다음 주 목요일과 금요일에 영화를 보여주려고 하는데 당신이 보겠다고 한다면 어떤 요일이 좋을지 선택하라.

그리고 2층의 노인들에게는 이렇게 이야기를 했다.

첫째, 당신을 위해 우리가 방을 꾸며주겠다.

둘째, 선물로 주는 이 식물은 당신의 것이지만 직원이 당신을 위해 그것을 관리할 것이다.

셋째, 다음 주 목요일과 금요일에 영화를 보여주려고 하는데 어느 요일에 보게 될지 나중에 알려주겠다.

그 외에도 4층의 노인들은 자율적인 선택권과 무언가를 하도록 권장받은 데 반해 2층 노인들은 가만히 앉아서 호의를 제공받도록 했다. 4층의 노인들은 자신이 원하는 꽃을 키웠고, 언제 무슨 일을 할 것인지를 계획해서 생활했다. 반면 2층의 노인들은 그저 주어진 대로 편하게 생활했다. 4층의 노인들은 바빠졌고, 2층의 노인들은 4층의 노인들이 가꾼 정원을 감상하며 한가롭게 지냈다.

그러고 3주가 지나 두 그룹을 대상으로 삶이 행복한지를 물었더니, 4층의 노인들이 행복하다고 답한 비율이 훨씬 높았다. 18개월 뒤 두 그룹의 건강 상태를 비교해봤더니 4층 노인들의 93퍼센트는 건강이 좋아졌고, 2층의 노인들은 71퍼센트가 더 허약해졌다. 사망률도 2층의 노인들이 4층에 비해 2배나 더 높았다.[14]

이 실험을 주도한 주디스 로딘은 이렇게 설명한다.

"아무리 허약한 노인이라도 스스로 결정하고 선택할 수 있는 기회를 줘야 한다. 그래야 건강하고 행복하게 오래 살 수 있다."

아무리 나이 든 노인이라도 인간은 근본적으로 스스로 선택하고 스스로 뭔가 할 수 있기를 바란다. 뭔가 선택할 수 있는 기회와 스스로 할 수 있는 역할을 갖도록 도와야 한다.

사람들은 자신의 행동이 스스로에게서 나온 것이라고 느끼길 원한다. 우리에게는 식욕이나 성욕과 같은 생리적 욕구처럼 누구나 자율성의 욕구를 지니고 있다. 그러므로 만일 자율성의 욕구가 계속 충족되지 못한다면 사람들은 점점 스트레스를 받고 무기력해진다. 반대로 스스로 결정하고 자기 삶을 산다고 느낄 때 행복해진다.

또한 자율성은 혁신과 창의를 피어나게 하는 터전이다. 혁신과 창의는 결코 시키거나 선포한다고 되지 않는다. 강연을 듣고 교육을 받는다고 되는 것도 아니다. 창의적으로 살라고 가르친다는 것 자체가 우습지 않은가! 자율적인 환경을 만들어주면 된다. 실패를 경험으로 용인하고 배울 수 있으며 스스로 할 수 있는 권한과 책임을 주면 창조성은 꽃피게 될 것이다.

창의성 대가이자 하버드대학교 경영대학원 석좌교수인 테레사 애머빌Teresa Amabile은 한 유치원 아동들을 대상으로 창의성 실험을 했다. 아이들이 원하는 재료를 마음대로 고를 수 있게 한 집단과 실험자가 지정한 재료를 사용하는 집단으로 나누어 콜라주(미술에서 화면에 종이, 인쇄물, 사진 따위를 오려 붙여 작품을 만드는 일)를 만들게 했다. 그 결과, 스스로 재료를 고른 아이들이 더 창의적이고 성의 있게 작품을 만들었다.

이뿐만이 아니다. 많은 조직심리학자들도 일련의 연구를 통해 구성원들에게 자율성과 통제권을 주면 그들은 행복을 느끼고 조직에 참여하려는 적극성을 띠며 일을 보다 창의적으로 해나간다고 보고했다. 즉 우리는 나이에 상관없이 스스로 선택할 수 있을 때 책임감을 가지고 더 깊이 생각하고 더 열심히 노력한다.

사람은 두 번 태어난다

만성적인 우울감으로 병원을 찾았던 형길 씨를 우연히 밖에서 만난 적이 있다. 형길 씨는 상담을 하다가 그만뒀는데 특별한 호전이 없었는데도 그동안 무슨 일이 있었는지 얼굴이 한결 좋아 보였다. 궁금해서 물었더니 형길 씨의 답은 의외였다.

"글쎄요. 변화가 있다면 공방에 나가 가구를 만들기 시작한 것밖에 없는데 그게 활기를 많이 준 것 같아요."

생각해보니 그의 우울감은 하기 싫은 일이지만 딱히 대안이 없어 회사를 그만두지 못하는 데 있었다. 자신에게 맞지 않는 일이었지만 가장으로서 가족을 책임져야 한다는 압박감이 그를 오랜 시간 동안 옴짝달싹 못하고 일에 매이게 만들었다. 자신이 원하는 삶을 살아가고 싶은 욕구가 강했지만 오랫동안 이를 무시한 채 살아온 것이다.

형길 씨는 그동안 일 자체를 바꿔야 한다는 생각에 힘겨워하며 아무런 변화도 만들어내지 못했는데 최근에 취미 생활로 공예를 시작한 것이 활력을 가져온 것이다. 근본적인 해결책은 아니더라도 가구를 만듦으로써 숨통을 튼 셈이니 참 다행한 일이다. 억압된 자율성으로 인해 곧 터질 것만 같던 그의 마음에 작은 돌파구가 생긴 것이다.

최근 형길 씨처럼 다른 사람의 손을 빌리지 않고 필요한 것을 스스로 만들거나 해결하는 일명 'DIY족'이 늘어나고 있다. 인테리어, 집 수리, 정원 관리 등 생활 공간을 스스로 꾸미거나 더 나아가 먹을거리를 직접 재배하고, 생활용품과 의류 등을 스스로 만든다.

2011년 한 경제연구원의 조사에 의하면, 20~30대의 약 20퍼센트가 간단한 소품이나 가구 등을 만들어서 사용한다고 답했으니 결코 적은 수가 아니다. 돈만 있으면 시간도 절약하고 더 좋은 제품을 구할 수 있는데 사람들은 왜 고생을 자처하는 것일까? 물론 경기 불황으로 돈을 아끼거나 다른 사람들을 믿을 수가 없어서 직접 만드는 경우도 있을 것이다. 하지만 좀 더 본질적인 이유는 심리적인 데 있다. 즉 '내 손으로 하나하나 만들고 가꿈으로써 자신을 표현하는 것'이 사람들에게 그 자체로 만족감을 주기 때문이다.

유행처럼 퍼지고 있는 '캠핑 열풍'을 보더라도 알 수 있다. 좋고 편안한 잠자리를 놔두고 왜 우리는 기꺼이 불편을 감수하는 것일까? 경쟁적이고 파편화되고 억압된 삶 속에서 우리는 점점 지쳐가고 자신의 존재를 잃어가고 있기 때문이다. 즉 DIY와 캠핑 열풍은 서툴더라도 나만의 것을 만듦으로써 '나'라는 존재감을 확인하고 싶은 것이고, 끌려가는 삶에서 벗어나 스스로 뭔가를 만들어가려는 자율성의 표현인 셈이다. 한마디로 DIY 트렌드와 캠핑 열풍은 현대인들의 '거세된 자율성'에 대한 자기 해법이며, '자기 상실'에 대한 자기 치유다.

삶이 답답하거나 권태감에 휩싸여 있다면 이제 잠자고 있는 자율성을 깨워야 할 때가 됐다는 신호다. 똑같이 찍어낸 기성복 같은 인생에서 벗어나 자신에게 잘 맞는 맞춤복 같은 인생을 살라고 당신의 삶이 소리치고 있다. 내면의 소리에 귀를 기울여보자. DIY 인생으로 나아가자는 소리가 들릴 것이다.

사람은 누구나 '창조적 욕망'을 가지고 있다. 그것은 인간이 어느 것 하나 선택해서 태어날 수 없었던 탄생의 수동성에서 기인한다. 우리는 그냥 만들어져 태어났기에 그 반대급부로 뭔가를 만들어내고자 하는 원초적 동경을 가지고 있다. 그렇기 때문에 수동적으로 시작한 삶을 능동적인 삶으로 바꾸는 것이야말로 삶의 가장 중요한 과제다. 주어졌으니까 살아야 하는 것이 아니라 왜 살아야 하는지, 무엇을 위해 살아야 하는지를 발견하고 추구하는 것이 우리 인생의 목적이다.

그러나 이는 보살핌을 받아야 하는 인생의 초반에는 달리 어쩔 도리가 없다. 이 시기는 자신의 뜻대로 살아가는 것이 아니라 주변의 기대나 사회적 영향에 의해 자랄 수밖에 없기 때문이다. 그러다가 인생의 어느 순간, 막연한 동경에서 벗어나 인생의 창조자가 되겠다는 결심을 하는 때가 온다. 스스로 자신의 인생을 만들어가겠다고 나서는 순간이다. 존재의 사명과 이유를 찾아 삶의 질서가 바뀌는 것이다. 인생의 주인으로 스스로 서는 순간이다.

그런 의미에서 사람은 두 번 태어나고 두 번의 인생을 산다. 한 번은 주어진 삶을 살아내는 것이라면, 또 한 번은 자기 힘으로 스스로 삶을 살아가는 것이다. 타율적인 삶에서 벗어나 자율적인 삶을 살아가는 것이다. 자율적인 삶이란 두 번째 인생을 살아가는 사람들을 말한다. 이들은 인생의 어느 순간 왜 삶을 살아가야 하는지 자기 이유를 찾고 비로소 자신의 이유로 세상을 살아가는 사람들이다. 이들은 자기 이유를 가지고 삶을 살아가기 때문에 진정한 의미에서 자유로운 삶을 구가하는 것이다.

결정도 연습이 필요하다

나를 만들어가는 자기결정력

'내가 선택할 수 있는 일이었더라면……'
그러나 한 번쯤 삶에 대해 심각하고도 엄숙한 태도로 시간을 내어
찬찬히 생각해본다면 틀림없이 당신도 인정하게 될 것이다.
당신 스스로 이 모든 것을 선택했다는 사실을!
당신이 스스로 선택했다는 사실을 인정하면, 당신은 또한, 언제든지
이 상황에서 벗어날 수도 있다.

-라인하르트 K. 슈프렝어Reinhard K. Sprenger

누가 대신 좀 결정해주세요

정훈 씨는 서른일곱이지만 아직 미혼이다. 결혼할 생각이 없는 것은 아니다. 다만 결혼 생활을 잘하려면 좀 더 좋은 조건을 갖춰야 한다고 생각하니 자꾸 미루게 된다. 직장 또한 마찬가지다. 지금보다 발전성이 있는 직장으로 옮길 기회가 몇 번 있었는데 현재 직장의 안정성 때문에 결정을 미루다가 기회를 놓쳐버렸다. 비단 큰 결정뿐 아니라 사소한 결정에서도 그렇다. 마트에서 물건 하나를 사려고 해도 더 싸게 파는 곳이 있을 것 같아 선뜻 집어 들지 못한다. 게다가 친구들과 만날 때도 약속 장소를 정하지 못해 너무 괴롭다. 가격이나 분위기, 음식 맛 등 모든 것을 만족하는 데를 찾다 보니 정작 만남 자체보다 장소 정하는 것부터 스트레스를 받는다. 돌아보면 어릴 때는 엄격하고 간섭이 심한 부모 말에 순응하며 지냈기 때문에 뭔가를 스스로 선택할 필요가 없었다. 시키는 대로 따라하면 그만이었다. 그러나 성인이 되면서 스스로 결정해야 하는 일이 많아지니 점점 힘들어졌다. 스스로 선택한다는 것이 자유롭고 즐거운 일이 아니라 두렵고 부담스러웠다. 이렇게 괴로울 바에는 차라리 누군가가 대신 이렇게 하라고 정해줬으면 좋겠다.

왜 결정장애가 늘어나는가

정훈 씨는 늘 후회 없는 선택을 하려다 보니 결정이 너무 힘들고 어렵다. 이렇듯 선택의 갈림길에서 어느 한쪽을 고르지 못해 괴로워하는 심리를 '결정장애'라고 한다. 선택의 기회가 많아진 현대 사회가 낳은 새로운 정신적 문제다.

인터넷을 보면 스스로 결정하지 못해 대신 좀 결정해달라는 고민 글이 넘쳐난다. 사실 옛날에는 중요한 결정이라도 개인이 아닌 가족이나 집단 안에서 이루어졌다. 부모 역시 자신들이 판단했다기보다 웃어른들의 말씀이나 사회적 관습에 따랐다. 그러니 딱히 선택할 일이 별로 없었다. 마치 한정식 코스처럼 출생부터 장례까지 정해진 의례에 따라 일생을 살면 그만이었다.

그러나 이러한 삶의 방식은 현대 사회로 접어들면서 철저히 변했다. 좋건 싫건 스스로 선택해야 할 것이 너무나 많아졌다. 어디서 살지, 어떤 일을 할지와 같은 중요한 문제는 물론 당장 오늘 점심을 뭘 먹어야 할지 선택할 것투성이다. 코스 메뉴가 아니라 전채 요리, 메인 요리, 후식 등을 다 골라야 하는 상황이 되었다. 두꺼운 메뉴판을 보면서 어떻게 식사 주문을 해야 할지 모를 때처럼 우리는 수많은 선택 앞에서 쩔쩔매고 있다. 기술의 발달로 선택지가 다양해지고 개인화로 인해 결정의 권한이 개인에게 대폭 이동되었기 때문이다. 게다가 정보 접근성이 용이해지면서 수많은 정보가 넘쳐나 우리의 판단력은 마비될 정도다. 독일의 심리학자이자 저널리스트 바스 카스트Bas Kast는 이러한 상황을 다음과 같이 표현했다.

"자신의 운명을 스스로 결정하지 못하던 속박의 상황에서, 끊임없이 결정해야 하는 속박의 상황으로 바뀌었다."

어떻게 생각하면 선택의 가짓수가 늘어나 좋아 보인다. 선택의 여지가 없다면 불만을 토로할 게 빤하기 때문이다. 예컨대 애인에게 선물할 반지를 사려고 하는데 한 종류밖에 없다면 어떨까? 난감한 상황일 것이다. 그렇다면 가짓수가 마구 늘어나 100여 개의 반지가 있다면 더 좋을까?

사실 선택지가 많을수록 구매 만족도가 높아지는 것은 아니다. 가짓수가 많을수록 구매 욕구가 커지다가 어느 순간 떨어진다. 즉 포물선 혹은 무지개 형태가 된다. 이는 선택지가 많을수록 선택에 따른 리스크와 후회가 커지기 때문이다. 많은 선택지에서 어떤 선택을 하고 나면 선택하지 않은 것들에 대한 아쉬움이 뒤따르고, 이미 선택한 것에 대한 만족도는 조금씩 떨어지기 때문에 오히려 실망할 가능성은 커질 수밖에 없다.

뉴욕 컬럼비아대학교 경영학과 쉬나 아이엔가Sheena Iyengar 교수는 실험을 통해 너무 많은 선택지는 오히려 그 결과에 대한 만족도를 떨어뜨린다는 것을 입증해보였다. 6종류의 초콜릿과 30종류의 초콜릿을 놔두고 실험 참가자들에게 맛에 대해 10점 만점을 기준으로 평가를 해달라고 했다. 6종류의 초콜릿을 선택한 사람들은 평균 6.25점을 줬고, 30종류의 초콜릿을 선택한 사람들은 평균 5.5점에 그쳤다. 또 실험에 참가한 답례로 5달러 대신 초콜릿 한 상자를 선택한 비중도 6종류의 초콜릿을 선택한 사람들은 47퍼센트였지만 30종류의 초콜릿을 선택한 사람들은 12퍼센트에 불과했다.[1]

현대인들에게 보이는 '자율의 패러독스' 역시 마찬가지다. 스스로 선택하고 결정할 수 있는 삶의 기회가 인류 역사상 가장 많아졌는데도 정작 많은 사람들이 그 기회를 누리지 못하고 있다. 이는 자율성과 독립성의 발달이 제대로 이루어지지 못한 점도 있지만 너무 선택해야 하는 것들이 많기 때문이기도 하다. 좀 더 정확히 말하면 수많은 선택의 기회 앞에서 자신이 무엇을 원하는지, 정말 중요한 것이 무엇인지 잘 모르기 때문에 선택이 어려운 것이다.

올바른 선택을 하고 자율적으로 살아가려면 자기 자신을 이해하는 것이 관건이다. 자신이 무엇을 원하고, 자신의 삶에 무엇이 중요하고, 자신이 무엇을 할 수 있는지를 분명히 안다면 선택의 가짓수가 무한정 늘어나지도 않을뿐더러 좀 더 결정을 잘할 수 있게 된다.

결정을 못하는 사람들의 3가지 착각

결정을 못하는 사람들 중에는 큰 착각에 빠져 있거나 자신의 문제를 자꾸 합리화하는 경우가 많다.

첫째, 신중해서라고 착각한다

가장 큰 착각은 결정을 미루고 더 많은 정보를 알아보는 것을 '신중함'이라고 미화하는 것이다. 이들은 더 많이 고민하고 비교해볼수록 더 좋은 결정을 할 수 있다는 착각에 빠져 있다. 하지만 비교의 범주가 커지고 정보가 많아질수록 판단 마비에 빠져 마냥 결정을 미루거나 시간에 쫓겨 충동적으로 결정해버린다.

둘째, 첫 단추를 잘못 끼우면 마지막 단추를 끼울 수 없다고 여긴다

결정을 잘못하면 이를 바로잡을 수 없고 갈수록 그 잘못이 커진다고 생각한다. 하지만 우리가 살면서 하는 수많은 결정 중 잘못된 것이 있다면 이를 보완하고 개선해서 교정할 기회도 있기 마련이다. 설사 첫 단추가 잘못 끼워졌다고 하더라도 중간에 다시 풀고 끼우면 된다. 그런 시행착오를 거쳐야 점점 첫 단추를 잘 끼울 수 있다.

셋째, 최고의 결정이란 결정의 순간에 달려 있다고 착각한다

결정을 내리지 못하는 사람들은 비교하고 또 비교해서 '무결점의 결정'을 하려고 한다. 하지만 애초에 후회 없는 선택이란 존재하지 않는다. 어떤 결정을 하든 선택하지 않은 대안들에 대한 미련이 남을 수밖에 없다. 결정에 대한 만족은 결정의 순간보다 결정 후 과정에 달려 있다. 예를 들어 가족의 추억을 담기 위해 카메라를 골랐다면 어떤 제품을 골랐느냐에 따라 만족도가 좌우되는 것이 아니라 실제 가족의 추억을 얼마나 잘 카메라에 담느냐에 달려 있다.

우리는 수많은 선택지 앞에서 정작 자신이 무엇 때문에 선택을 하려고 했는지 그 목적을 상실해버린다. 추억을 남길 사진을 찍고자 하는 목적은 어디론가 사라지고 쓰지도 않는 기능을 따지느라 수많은 카메라를 비교하고 조금이라도 싸게 사기 위해 계속해서 가격 검색을 한다. 마치 조금이라도 좋은 성능의 제품을 고르고 조금이라도 싸게 사는 것이 자신의 목적이라도 되는 것처럼.

좋은 선택이란 자신의 목적을 잊지 않고 자신의 상황에 맞게 최적의 시기에 선택하여 그 결정이 좋은 결과로 이어지도록 노력하는 데 있다. 즉 선택의 순간뿐 아니라 선택의 과정에 만족도가 달려 있다는 사실을 잊지 말아야 한다.

그것이 무엇이든 우리는 하면 할수록 점점 더 잘하게 되고, 안 하면 안 할수록 점점 더 힘들어진다. 결정도 마찬가지다. 자꾸 결정을 피하고 미루게 되면 점점 더 중요한 결정은 물론 사소한 선택도 못하게 된다. 누군가 대신 결정해주기를 바라거나 한사코 결정을 미루고 변화를 피한다. 이는 다른 사람이 자신의 삶에 개입하도록 대문을 활짝 열어놓고 지내는 것과 같다. 스스로 결정하지 못하기 때문에 다른 사람들의 결정에 끌려다닐 수밖에 없다.

선택도 연습하면 잘할 수 있다

뭔가 결정하는 것을 어려워하는 사람들이 많다 보니 첫 상담 시간에 중요한 결정을 물어오는 경우가 있다. 한 여성이 대뜸 물었다.

"지금 만나는 남자와 결혼을 해야 할까요? 말아야 할까요? 사람도 괜찮고 앞으로 발전 가능성도 있을 것 같은데 현재 하는 일이 마음에 들지 않아요."

그녀는 마음이 오락가락해서 결정을 하지 못하겠다고 했다. 부모도 반대하는데 굳이 갈등을 빚어가면서까지 결혼해야 할지 잘 모르겠다는 것이다. 자신이 몇 달 동안 머리를 싸매고 결정하지 못한 것을 나에게 결정해달라니!

그녀뿐만이 아니다. 상담을 하러 와서 자신의 인생에 중요한 결정이나 이해에 대해 무턱대고 물어오는 사람들이 많다.

"재수를 하는 것이 좋을까요? 그냥 점수에 맞춰 대학에 갈까요?"

"회사를 그만두는 것이 나을까요? 더 다니는 것이 좋을까요?"

"뭘 하면 행복할 수 있을까요? 내가 잘하는 게 뭘까요?"

이렇게 스스로 결정하지 못하는 사람들에게는 몇 가지 공통된 특징이 있다.

첫째, 자기 자신을 너무 모른다

자신이 어떤 사람인지 잘 모르고 삶의 기준이나 원칙이 없는 경우가 많다. 구직이나 결혼의 경우에는 자신에게 중요한 선택의 기준이 없거나 혹은 너무 많다. 너무 조건이 많은 것은 없는 것이나 마찬가지다. 직장을 구할 때도 전문성을 계발하는 것이 중요한지, 복지나 급여가 중요한지, 시간적 여유가 중요한지, 업무의 자율성이 중요한지 자신만의 기준이 있어야 하는데 그런 것이 부족하다. 그러니 다른 사람의 말에 쉽게 흔들리고 마음이 수시로 바뀐다.

둘째, 둘 다 손에 쥐고 놓으려 하지 않는다

어느 것 하나 놓치지 않으려고 한다. 이것을 선택하면 저것은 놓아야 하는데 둘 다 손에 쥐려고 하니 하나도 잡을 수 없는 것이다. 앞서 결혼에 대해 고민하던 여성의 경우, 현재의 능력도 중요하고 미래의 발전 가능성도 중요하고 사랑도 얻고 부모의 지원도 놓치지 않겠다는 것은 욕심이다.

셋째, 잘못에 대한 책임을 지고 싶어 하지 않는다

선택을 잘 못하는 이들은 실패와 타인의 부정적 평가에 무척 예민하다. 그래서 스스로 나서서 하려고 하지 않는다. 다른 사람들의 결정에 따라가면 설사 잘못된다고 하더라도 자신의 책임이 아니라 그 사람의 책임이기 때문에 차라리 덜 괴롭다. 그러나 자신이 결정하지 않는 한 최선을 다할 수 없다는 점은 명백하다. 우리는 스스로 결정하고 삶의 주인이라고 느낄 때 건강한 책임감을 갖는다. 자신의 결정이 아니고 삶이 자기 것이 아니라고 생각하면 최선을 다하기 어렵다. '내가 선택한 것도 아닌데 왜 내가?'라고 생각할 수 있다.

스스로 결정하지 않으면 자신감은 자꾸 떨어질 수밖에 없다. '실패하지 않았으니 현상 유지라도 하지 않을까?'라고 생각하는 것은 오산이다. 또한 자신이 스스로 선택한 경험이 없기 때문에 점점 자신이 아닌 다른 사람에게 묻고 바깥에서 답을 찾으려고 한다.

믿기지 않겠지만 우리 안에는 알람과 나침반이 내장되어 있다. 위험을 알려주고 의식을 깨워주는 알람이 있고, 우리가 어디로 가야 할지 가르쳐주는 나침반이 있다. 그러나 그러한 기능을 한 번도 경험해보지 못했을 수도 있다. 외부의 소리에 귀를 기울이고 끌려다니느라 내면의 소리에 제대로 귀를 기울이지 않았기 때문이다. 그러한 기능은 태어나면서부터 잘 작동하는 것은 아니어서 모호하기도 하고 잘 기능하지 않을 때도 있다.

수많은 경험을 반복하면서 우리 안의 알람과 나침반은 제대로 작동하고 점차 정확해진다. 수없이 많은 젓가락질을 통해 능숙해지고 손가락의 미세한 운동이 가능해지는 것처럼 선택의 기능도 그렇다. 아이가 움직이는 모빌을 당장 잡지 못했다고 손을 움직이지 않을까? 아니다. 계속 손을 움직임으로써 점점 스스로 움직일 수 있는 감각을 터득해나간다. 그리고 마침내 움직이는 모빌을 붙잡는다. 어느 한쪽으로 명확한 결론이 나지 않더라도 삶의 결정을 스스로 하는 훈련이 절대적으로 필요하다. 그러한 경험이 쌓이면 당신은 점점 더 선택을 잘할 수 있고, 점점 더 자율적인 사람으로 살아갈 수 있다.

자기 철학이
나를 만든다

자신과 인간과 세상에 대한 당신의 믿음은 왜, 어떻게 생겨났을까?

얼마 전 한 오디션 프로그램의 참가자를 만난 적이 있다. 그는 많은 사람들의 관심을 받았음에도 불구하고 1등이 되지 못했다. 그 뒤로 그는 우울감과 패배감을 느꼈다. 우승권에 든 것만 해도 대단한 일이라고 생각했는데 알고 보니 이 대회의 상금이나 기회는 온통 1등에게만 집중돼 있었다. 당연히 상대적인 박탈감이 클 수밖에 없다. 그와 이야기하면서 깜짝 놀란 점은 1등이 되지 못한 자신을 '루저looser'라고 생각하는 것이었다. 세상에, 우승권에 올라간 사람이 자신을 루저라고 생각하다니!

자신에게 성공은 무엇인가

우리 사회는 브레이크 없는 경쟁이 가속화되면서 승자독식 현상이 빠르게 증가하고 있다. 부의 편중이 심해지면서 1990년대 전체 인구 중 20퍼센트가 전체 부의 80퍼센트를 차지하는 '20대 80의 사회'였다면 이제는 '1대 99의 사회'가 되었다고 해도 과언이 아니다. 그런데 더 큰 문제는 사람의 가치 평가 역시 극단적으로 치우쳐 있다는 사실이다. '엄친딸', '엄친아'와 같은 극소수의 팔방미인만이 '절대적으로 가치 있는 사람'이고 대다수는 '보잘것없는 사람'이 되어버렸다.

너무나 안타깝고 답답한 것은 나름의 재능과 가치를 지닌 사람들이 스스로를 '보잘것없는 존재'로 여기고 더 나아가 '루저'라고 생각하면서 평생 실패의 그늘에 머물거나 바늘구멍을 통과하기 위한 무한 경쟁에 빠져들고 있다는 점이다.

10대와 20대를 상담하면서 느낀 점은 과거에는 낮은 자존감의 문제가 역기능 가족 문제에서 주로 기인했다면 이제는 가족과 사회 시스템 양쪽에서 기인하고 있으며 그 골이 매우 깊다는 사실이다. 우리 사회의 경쟁 시스템이 자꾸 괜찮은 사람을 하찮은 사람이라 여기게 만들고, 유능한 사람을 무능한 사람으로 느끼게 만들며, 인간적인 문제를 치명적인 문제로 느끼게끔 만들고 있다.

본연의 가치를 되찾고 자존감을 회복하기 위해서는 이러한 경쟁 시스템에서 우리의 머릿속에 바코드처럼 찍어놓은 '위너'와 '루저'라는 표시부터 떼어내야 한다. 이것은 우리 자신의 생각이 아니다. 경쟁 문화가 내면화된 것이다.

사회에는 그 사회를 유지해가는 지배적인 가치 체계가 있기 마련이다. 이는 문화와 교육은 물론 사회 전 분야에 걸쳐 뿌리를 내리고 있다. 하버드대학교 문화인류학자들은 북아메리카 인디언들을 대상으로 가치 체계를 연구한 바 있다. 이를테면 미국 남서부에 살고 있는 나바호 인디언의 중심 가치는 '조화'다. 이들은 우주의 조화로운 질서를 최고의 가치로 삼기 때문에 이상적인 인간상은 온화하고 원만한 성격의 소유자다. 성급함, 호전성, 나태 등은 비난거리가 된다. 이와 대조적으로 크와큐틀 인디언은 '남보다 우월한 것'이 중심 가치다. 따라서 그들은 경쟁을 중시하며 문화 전반에 이러한 가치가 스며들어 있다.

그렇다면 이 시대 우리 사회의 지배적인 가치는 무엇인가? 이견이 있을 수도 있지만 바로 '나 홀로 성공'이다. 다들 경쟁에서 이겨 피라미드 꼭대기에 올라가고 싶어 한다. 그래서 성공의 의미가 사람들 수만큼 다양하지 못하고 극히 제한적이다. 돈을 많이 벌거나 높은 지위에 오르거나 명성을 얻는 것만이 성공이라고 생각한다. 성공과 행복에 대한 자신만의 기준과 정의가 없다.

국내의 한 정신건강연구소가 한국 성인 남녀 199명을 심층 면담한 결과, 무려 85퍼센트가 자기 정체성이 취약한 상태였다.[2] 간단히 말해 자신이 누구인지 모르고 자기 철학이 부족하다는 것이다. 그러니 어떻게 살아야 할지 모르고, 어디로 가야 할지 혼란스러울 수밖에 없다. 자신의 길을 가려면 무엇보다 자기 정체성이 정립되어야 한다. 대부분 그렇지 못하다 보니 자신의 선택에 만족하지 못하고, 자꾸 다른 길을 동경하거나 환경 변화에 따라 쉽게 동요한다.

발달심리학자 제임스 마르시아James Marcia는 성숙한 정체성에는 '위기crisis'와 '헌신commitment'이라는 2가지 요소가 꼭 필요하다고 보았다. '위기'란 직업, 이데올로기, 종교, 가치관 등의 정체성 문제로 고민하고 방황하는 것을 말하며, '헌신'이란 자신이 선택한 것에 대해 지속적으로 전념하는 것을 말한다. 즉 개인이 위기와 혼란을 거치고 스스로 선택한 이념, 가치, 목표 등에 헌신했을 때 성숙한 정체성을 획득했다고 할 수 있다.

마르시아는 위기와 헌신의 유무를 기준으로 다시 정체성을 4가지 상태로 나눴다.

첫째, 정체성 혼미identity diffused

정체성 위기도 없고 뭔가에 헌신하지도 않는 상태다.

둘째, 정체성 폐쇄identity foreclosure

별다른 위기를 경험하지 않고, 부모의 기대나 주변의 생각에 이끌리거나 동화되어 어떤 직업이나 이념에 헌신하게 되는 것을 말한다. 현재 다수의 젊은이들이 안정적인 직업을 얻기 위해 스펙 쌓기에 치중하고 있는데 이 단계에 머물러 있다고 볼 수 있다.

셋째, 정체성 유예identity moratorium

헌신하고 있지 않지만 대안을 능동적으로 고민하고 탐색하는 상태다. 이는 정체성 정립을 위해 꼭 필요하지만 선택과 헌신으로 이어지지 못하는 지나친 유예는 경계해야 한다. 실제로 많은 사람들이 자신의 정체성이나 삶의 방향에 대해 고민만 할 뿐 실천과 경험을 통해 정체성과 방향성을 획득해나가려는 노력은 부족한 상태다.

넷째, 정체성 획득identity achieved

정체성 유예를 통해 다양한 대안들을 신중하게 평가하고 시행착오를 거쳐 어떤 결정을 내리며 이를 지키고 헌신해나가는 상태다.

앞에서 소개한 한국인 정체성 연구 결과에 따르면 전체 대상자 중에 폐쇄군이 74.4퍼센트, 혼미군이 10.6퍼센트를 차지한다. 자아 정체성이 취약하고 자기 기준 없이 삶을 살아가고 있는 것이다. 당신은 어떤 상태인가? 정체성 혼미나 정체성 유실의 상태는 아닌가? 혹은 정체성 유예 상태에서 계속 고민만 하고 있는 것은 아닌가? 당신만의 성공의 정의가 있는가? 그렇다면 확고한 정체성이 있고 자신만의 뚜렷한 성공의 정의가 있다면 그것은 또 좋은 것일까?

과거에는 좋았을 수도 있다. 하지만 인생이 길어지면서 여러 개의 인생을 살아가야 하는 현대인에게는 정체성 획득 역시 위험하다고 볼 수 있다. 지금 우리에게 필요한 것은 고정된 정체성이 아니라 다양하고 유연한 정체성이다. 이를 위해 우리는 전 생애 동안 정체성 유예와 정체성 획득의 과정을 여러 차례 반복해나가야 할 것이다.

애쉬의 선분 실험

당신은 얼마나 자신의 판단대로 살아가는가? 우리는 자신의 생각과는 달리 다수의 영향에 의해 관점과 판단을 바꾸어 타인의 의견을 따라가기 쉽다. 다른 사람의 시선과 영향에 의해 끌려가기 쉬운 것이 우리의 실제 모습이다. 그런데 우리는 그것을 알아차리지 못하고 자신의 생각과 판단이라고 착각한다.

미국의 심리학자 솔로몬 애쉬Solomon Asch는 '선분 실험'을 통해 이를 증명했다. 애쉬는 대학생들에게 세로 선이 1개 그려져 있는 카드

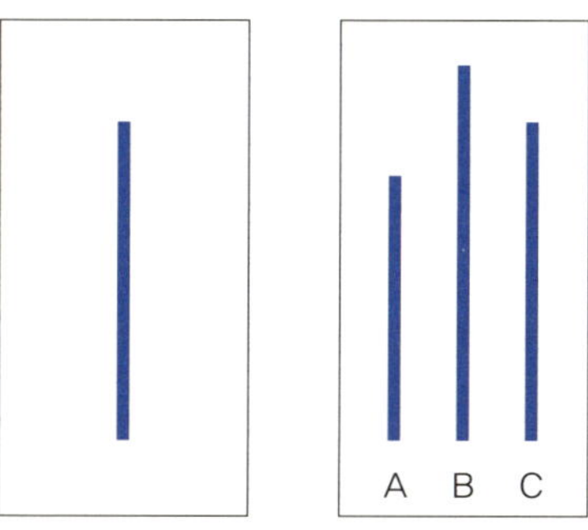

를 한 장 보여주고, 3개의 선이 그려진 또 다른 카드에서 길이가 같은 것을 찾아보라고 했다.

카드를 보면 누구나 쉽게 정답을 맞힐 수 있는 문제여서 혼자 풀면 오답률이 1퍼센트도 되지 않았다. 그러나 이 실험의 핵심은 7명의 도우미가 각본에 따라 틀린 답을 먼저 대답하고 나서 실험 참가자가 마지막에 대답하는 것이다. 어떤 결과가 나왔을까? 실험 참가자의 32퍼센트가량은 매번 앞사람들의 의견에 동조해서 오답을 말했고, 75퍼센트는 적어도 한 번 다른 사람의 의견에 동조하느라 오답을 말했다. 실험 참가자의 25퍼센트만이 자신의 판단대로 정답을 말했다.[3]

여기서 재미있는 것은 오답임을 알려줬을 때 실험 참가자들의 반응이다. 이들 대부분은 집단의 의견이 자신의 결정에 영향을 주지 않았다고 대답했다. 스스로 '동조 현상'의 영향을 인식하지 못하고 자신의 착오라고 생각한 것이다. 그런데 만약 답을 말로 하는 대신 종이에 적어서 내라고 하면 어떤 결과가 나올까? 실험 결과, 서로 어떤 답을 썼는지 모르게 했을 때는 100퍼센트가 정답을 맞혔다.[4]

아니라고 부정해도 애쉬의 실험처럼 우리는 알게 모르게 다수의 의견과 판단을 좇아가게 되어 있다. 물론 이것을 부정적으로만 볼 일은 아니다. 동조와 모방의 성향을 가지고 있기 때문에 우리는 학습을 할 수 있고 안전을 보장받을 수 있다. '동조' 일변도의 삶만큼이나 '비동조' 일변도의 삶 역시 바람직하지 않다. 결론은 '균형'이다.

그러나 시대의 흐름이 개인화로 가고 있는데도 불구하고 우리는 너무나 동조 일변도의 삶을 살아가고 있다. 물론 우리는 사회적 인간으로 주위의 영향을 받지 않을 수 없다. 다만 내면화의 과정에서 차이가 있다. 이를 위해 정신 의학에서 이야기하는 '내사introjection'와 '통합integration'을 구분해볼 필요가 있다.

독일의 정신분석학자 프리츠 펄스Fritz Perls는 '내사'는 뭔가를 소화시키기보다 그대로 삼켜버리는 것이고 '통합'은 꼭꼭 씹어서 소화시킨 것이라고 비유했다. 즉 내사에는 자기화의 적절한 형태인 '소화 흡수' 과정이 없다. 엄격한 규칙 아래 요구와 명령에 따라 그저 허둥지둥 복종하는 상황이라면 내사가 일어난 것이다.

인간의 발달에 있어 내사란 중요 인물과 주위 환경에서 요구하는 목표, 가치관, 삶의 태도나 방식을 제대로 씹지 않고 꿀걱 삼켜버리는 것과 같다. 그렇기 때문에 소화 흡수가 되지 않고 그대로 남아 있는데 문제는 삼켜버린 그 목표, 가치관, 삶의 태도나 방식이 사실 자신의 능력이나 특성에 맞지 않거나 너무 엄격하거나 경직되어 있다는 데 있다.

이번에는 내 이야기를 해보려고 한다. 큰아이가 초등학교 1학년 때 고열이 난 적이 있었다. 아내는 학교에 보내지 말자고 했다. 힘든데 학교에 가면 회복만 늦어지고 다른 아이들에게 전염시킬 수도 있으니 집에서 푹 쉬게 하자는 것이었다. 그러나 나는 '아무리 아파도 학교는 가야 한다'고 주장했다. 작은 말다툼을 하다가 나는 출근을 했고 아내는 아이를 학교에 보내지 않았다. 나중에 그 사실을 알고 나는 아내가 나를 무시했다고 느껴져 화가 났다.

그런데 시간이 지나면서 점점 이런 생각이 들었다. '나는 왜 아이가 아무리 아파도 학교는 꼭 가야 한다고 생각하는 것일까?' 생각할수록 의문이 깊어졌다. 나는 왜 이런 신념을 갖게 됐는지 궁금해졌다. 그러다 문득 그 생각이 나의 것이 아닐 수도 있다고 느꼈다. 곰곰이 생각해보니 엄밀히 말해 그것은 내 생각이라기보다 아버지의 생각이었다.

내 기억 속에 아버지는 맹장 수술로 병원에 입원한 적을 빼놓고는 어떤 일이 있어도 회사에 늦거나 결근을 한 적이 없었다. 아니, 항상 1시간 이상 일찍 출근했다. 그런 아버지를 보고 자랐고 아무리 아파도 학교는 가야 한다는 말을 듣고 자라다 보니 나 역시 그렇게 생각하고 있었던 것이다. 아버지의 생각이 알게 모르게 주입되어 내면화된 것이다.

물론 부모의 생각이나 주장이라고 해서 꼭 잘못이라거나 시대착오적인 것은 아니다. 다만 성인이 된 후에도 부모의 가치관이나 생각을 자신의 사유나 비판을 거치지 않은 채 가지고 있는 것은 사실 자신의 자아라고 할 수 없다.

그러므로 개인이 건강한 성인이 되고 자율적으로 살아가려면 무의식적으로 내사된 외부와 집단의 가치와 규칙을 자기 것으로 만드는 통합과 자기화의 과정이 꼭 필요하다. 좋은 것은 꼭꼭 씹어서 흡수하고 자신에게 맞지 않거나 안 좋은 것은 버리는 소화 과정을 거쳐야 한다.

내 생각은 과연 나의 것일까? 우리는 자신과 세상과 사람에 대해 견고한 생각과 믿음을 가지고 있다. 그런데 그러한 믿음 중에는 외부로부터 주입된 것들이 많다. 그럼에도 우리는 이를 자신의 주관처럼 생각하고 무조건 믿고 행동한다. 마치 태어날 때부터 원래 있었던 자신의 일부처럼 여기면서 말이다. 우리는 무엇이든 익숙해지면 잘 버리지 않으려고 한다. 그것이 설사 쓸모없고 안 좋은 것이라 하더라도 지키려고 한다.

사고와 믿음도 그렇다. 어릴 때부터 가져왔던 생각과 믿음이 익숙하기 때문에 이를 놓아버리지 못한다. 익숙한 것에서 편안함을 느끼기 때문이다. 그러므로 자율적으로 살아가려면 자신의 기계적 믿음에 대해 의문을 품을 수 있어야 한다. 자신과 인간과 세상에 대한 당신의 믿음이 왜 생겨났는지, 어디서부터 왔는지, 지금도 맞는 것인지, 정말 자신의 생각이라 할 수 있는지, 앞으로도 그렇게 생각하고 살아가야 하는지 의문을 거쳐야 한다. 그러한 과정을 거치고 나서야 비로소 당신의 생각이라고 할 수 있다.

인생은 어떻게 살아야 한다고 정해놓은 규칙이란 게 없다. 세상의 기준에 자신을 꼭 맞출 필요는 없다. 중요한 것은 자신을 이해하는 것이며 자신에게 맞는 삶의 방식을 찾아가는 것이다. 아무리 좋은 것도 자신에게 맞지 않으면 의미가 없다. 세상에서 가장 좋은 방법은 자신에게 잘 맞는 것이다. 자기 이해를 밑바탕으로 하지 않으면 자율성은 고양될 수 없다. 자기 자신도 모르면서 어떻게 자신의 삶을 스스로의 힘으로 살아갈 수 있겠는가!

자기 철학을 가져라

나는 지금은 고인이 된 최민식 사진작가를 좋아한다. 그를 좋아하는 이유는 사진에 진실과 철학이 담겨 있기 때문이다. 그는 조명이나 삼각대를 사용하지 않으며 연출 사진을 찍지 않는다. 모든 사진이 순간을 포착해낸 '스냅 샷'이다. 사진 기술이 디지털로 넘어간 뒤에도 트리밍이나 포토샵 같은 작업을 전혀 하지 않았다. '사진은 진실해야 한다'는 자신의 철학을 가지고 있었기 때문이다. 그는 "사진은 스트레이트이며, 휴머니즘을 바탕으로 한 다큐멘터리가 진실"이라고 주저 없이 말했다. 그러한 자기 철학이 있었기에 우리나라 최고의 리얼리즘 사진작가라는 자기 세계를 확고히 만들 수 있었다.

자기 세계는 자기 철학에서 나온다. 그가 바로 자율적인 사람이다. 심리학에서 '자기'란 '한 개인의 내적 중심'을 말하는데, 자율성이나 자기 조절은 '자기'라는 내적 중심이 있어야 가능하다. 즉 내적 중심에 자기가 있지 않다면 진정한 의미에서의 자율성을 발휘할 수 없다. 자기가 느끼고 자기가 생각하고 자기가 원하는 의식의 중심이 있어야 자율이 가능하다.

누구나 쉬고 잠자고 생활하는 거처가 있는 것처럼 개똥철학이라도 자신의 철학이 있어야 그 사람의 정신이 머무를 수 있다. 물론 자기 철학을 갖겠다고 해서 갑자기 생기는 것은 아니다. 자기 철학은 시행착오와 자기 탐색을 통한 자기 이해에서 비롯된다. 자신이 무엇을 원하고, 자신에게 중요한 것이 무엇이고, 자신이 어떤 사람인지를 알아야 자기 철학을 가질 수 있다.

그런데 자기 철학을 갖는다는 것은 쉬운 일이 아니다. 스스로 생각해야 하고 스스로 결정해야 하고 스스로 책임져야 하기 때문이다. 게다가 갈등과 투쟁을 겪어야 한다. 부모 형제나 자신의 집단과 다른 생각과 욕구를 가지고 있다는 것만으로 갈등이 생길 수 있다.

독일의 작가 헤르만 헤세는 가족들이 바라는 목사가 되고자 14세

에 신학교에 갔다가 작가가 되기로 결심하고 7개월 만에 도망쳐 나왔
다. 그 과정에서 아버지와 심한 갈등을 겪었다. 그러나 자신의 길을 가
고자 견습공과 서점 직원으로 일하면서 틈틈이 글을 써 작가의 꿈을
키워나갔다. 유명한 작가가 된 뒤에도 그는 자신의 철학 때문에 모진
시련을 겪었다. 조국인 독일의 침략 전쟁에 반대하는 글을 써서 매국
노로 몰리고 그의 저작이 판매 금지를 당하기도 했다. 하지만 1946년
노벨문학상을 수상하였고 독일이 자랑하는 세계적인 문학가가 되었
다.《데미안*Demian*》《수레바퀴 아래서*Unterm Rad*》등 그의 책들은 시대
를 넘어 성장의 아픔을 겪고 있는 사람들에게 영혼의 바이블이 되고
있다.

이렇듯 자신의 생각을 가진다는 것은 주위의 도움을 받지 못할 수
도 있고, 더 나아가 비난과 공격을 당할 수도 있다. 하지만 그러한 고
민과 투쟁을 통해 자기 철학이 만들어지면 그 무엇으로도 바꿀 수 없
는 힘 있는 자기 자신이 만들어진다. 스스로를 책임지고 능동적으로
어려움을 헤쳐가며 자신의 세계를 만들어가는 내적 중심이 생기는 것
이다.

내 인생의 결정권

혹시 레고를 좋아하는가? 1932년 덴마크에서 출시된 레고는 최근 회사의 경영 부진 같은 우여곡절을 겪기도 했지만 현재도 1분에 3만 6,000개꼴로 만들어지고 있으며, 전 세계에서 가장 많은 인기를 얻고 있는 완구다. 특히 아이들에게 압도적인 사랑을 받고 있다. 아이들이 좋아하는 것은 대개 오래가지 못하는 경우가 많은데 레고는 예외다. 아이들뿐만이 아니다. 레고를 좋아하는 어른들도 생각보다 훨씬 많다. 단종된 제품이나 한정판은 고가에 재판매가 이루어져 '레고 재테크'라는 말이 있을 정도다. 그런데 왜 이렇게 남녀노소 할 것 없이 사람들은 레고를 좋아하는 것일까?

인생은 레고 블록과 닮았다

심리학자들은 레고의 인기 비결을 '규칙과 상상력을 동시에 구현하고, 자체적으로는 의미를 갖지 않는 재료들을 모아 의미와 스토리를 만드는 것'이라고 말한다.[5] 만일 레고가 완제품으로 판매되었거나 몇 조각 안 되는 부품으로 되어 있었다면 지금과 같은 인기가 있었을까?

사람들은 레고를 구입하면 우선 설명서에 따라 만들기 시작한다. 파편 같은 조각에 불과했던 재료들이 점점 형태를 갖추며 완제품으로 완성될 때 큰 성취감을 느낀다. 그리고 설명서를 보고 조립하는 것에 만족하지 않는 경우도 많다. 그들은 조립과 해체를 반복하며 자신이 원하는 유일무이한 완구를 만든다. 우리 집 아이들 역시 설명서는 보지도 않고 자기 멋대로 만든 후 새로운 이야기를 만들어 낄낄거리며 논다. 심지어는 스톱 애니메이션처럼 카메라로 연결 동작을 찍어서 동영상을 만들어 다시보기를 한다. 획일성에서 시작해서 어느 순간 창의성으로 도약한 것이다. 즉 레고에는 자율과 창조라는 심리적 욕구를 지닌 인간의 특성이 잘 반영되어 있다.

인간은 자신의 운명을 스스로 주조하려는 속성을 지니고 있다. 자신의 인생을 스스로 만들어가고 싶고 자신의 이야기를 스스로 써내려가고 싶어 한다. 그러므로 낱개의 부품들에 형태를 부여하고 더 나아가 새로운 의미를 담아 새로운 형태를 만드는 레고 놀이야말로 우리 안의 자율 추구와 창조 본능을 충족시켜준다.

인생도 마찬가지다. 우리 안에는 레고 부품처럼 수많은 재능 조각들과 성격적 특성들이 파편처럼 흩어져 있다. 인생이란 이러한 여러 가지 재료를 이용하여 의미 있는 형태를 만들어가는 과정이다. 일정 시간 동안 형태를 만드는 규칙을 터득하고 나면 자신이 원하는 삶의 형태를 새롭게 빚어가는 것이 인생이다.

그런 의미에서 우리는 모두 작가다. 실제 글을 쓰느냐 쓰지 않느냐의 문제가 아니다. 우리의 인생 자체가 하나의 책이라고 할 수 있기 때문이다. 다만 사람들마다 그 책의 주제나 내용은 모두 다르다. 그러나 안타깝게도 우리는 인생이 하나의 책이라는 것을 쉽게 알아차리지 못한다. 혹은 알아차린다 하더라도 그 책의 작가가 자신이라는 것을 모르는 경우가 많다.

자율적인 사람은 인생이라는 책의 내용을 채울 책임이 바로 자신에게 있음을 알아차리고 하루하루 그 내용을 채워가는 사람이다. 자기 인생의 작가가 되어 스스로 이야기를 만들고 캐릭터를 풍부하게 그려가는 사람이다. 좋은 순간은 좋은 순간대로 힘든 순간은 힘든 순간대로 묵묵히 기록해가는 사람이다.

독일의 대문호 괴테는 우리에게 인생을 하나의 작품으로 여기고 그 창작자가 되라고 말한다.

"조각가가 조각품으로 탄생시킬 원재료를 갖고 있듯 우리는 누구나 자신의 운명을 손에 쥐고 있다. 예술 활동뿐 아니라 다른 모든 것에서도 마찬가지다. 우리는 운명을 주조할 수 있는 능력을 가지고 태어난다. 자신이 원하는 모양으로 재료를 빚어내는 기술을 공들여 배우고 계발해야 한다."

우리는 우리 인생의 작가다. 당신은 어떤 책을 쓸 생각인가? 어떤 내용으로 쓰고 있는가?

'피해자 역할'을 하는 사람들

한 해 동안 암에 걸리는 이들은 대략 10만여 명이다. 과거에는 암이라는 말만 들어도 삶의 의지가 꺾여버렸지만 지금은 회복률이 높아지면서 치료에 대한 태도야말로 향후 예후를 좌우하는 중요한 요소가 되었다. 사람들은 암에 걸렸을 때 제각각 다양한 반응을 보인다. 미국의 외과의사인 버니 시걸Bernie Siegel에 의하면 암 진단을 받으면 사람들은 세 부류로 나뉜다.

첫 번째 그룹은 15~20퍼센트의 사람들로, 이들은 무의식적으로 혹은 의식적으로 죽기를 원한다. 뭐랄까? 삶에 희망이 없어 차라리 암으로 그냥 죽는 것이 낫다고 생각하는 사람들이다.

두 번째 그룹은 60~70퍼센트의 사람들로, 이들은 전형적인 환자가 된다. 치료자의 지시에 순응하고 심지어는 그들의 마음에 들기 위해 아주 충실히 환자 역할을 수행한다. 시키는 대로만 하는 것이다.

세 번째 그룹은 나머지 15~20퍼센트로, 환자이지만 동시에 치료자가 되는 사람들이다. 이들은 희생자가 되기를 거부하고 적극적으로 치료에 나서서 자신의 병을 고치는 의사가 되고자 한다. 의사들의 입장에서는 가장 싫은 사람들일 수 있다. 물어보는 것도 많고 이것저것 비교해서 따지기도 하고 때로는 의사의 지시를 따르지 않을 수도 있기 때문이다.

그러나 시걸은 세 번째 그룹의 사람들에게서 오히려 건강함을 느꼈다. 그들을 자기 치유의 힘을 가진 사람들이라고 보았다. 시걸은 이들을 위해 '예외적인 암 환자들(ECaP : Exceptional Cancer Patients)'이라는 모임을 만들었다. 그리고 기존의 의학적 치료법 외에 자기 치유를 강화할 수 있도록 도와 회복률을 높이는 데 기여했다.[6]

의사들은 뚜렷한 이유 없이 질병이 저절로 사라지는 경우를 '자연 관해spontaneous remission'라고 표현한다. 예외적으로 좋아지기는 했지만 이는 확률적으로 운이 좋은 경우라고 보는 것이다. 그리고 정작 왜 좋아졌는지에 대해서는 제대로 연구하지 않는다. 의학과 의사의 관심사는 아픈 사람들이지 관해된 사람들이 아니기 때문이다.

하지만 '자연 관해'라는 말은 연구를 제대로 안 해서 그렇게 쓰는 것이지 회복된 데에는 분명히 이유가 있을 것이다. 실제 자연 관해를 보면 시걸이 말한 세 번째 그룹에서 가장 많이 나타난다. 이들은 결코 죽지 않으려고 버둥거린 사람들이라기보다 오히려 삶의 유한성을 깊이 받아들이고 새로운 삶을 시작한 사람들이다. 스스로 삶의 주인이 되어 남은 삶을 소중하게 살아간 사람들이었기에 그 보상으로 치유가 따른 경우라고 볼 수 있다.

이렇듯 질병을 치유하는 데 능동성과 자율성은 참 중요한 요소다. 그런데 종종 의식적이거나 혹은 무의식적으로 치유를 원치 않는 경우가 있다. '환자 역할sick role'을 놓지 않으려는 사람들이다. 질병과 환자라는 말에는 우리가 부여하고 있는 특별한 의미가 있다.

첫째, 병은 사람을 정상적인 사회적 책임감으로부터 제외시킨다. 둘째, 병은 사람으로 하여금 스스로 자신을 돌볼 수 없는 존재로 보게 만든다. 셋째, 병은 사람에게 정상 상태로 돌아가고자 하는 바람을 갖게 한다. 넷째, 병은 사람으로 하여금 전문가의 도움을 받게 한다.

환자 역할이라는 용어를 처음 사용한 미국의 사회학자 탤컷 파슨스Talcott Parsons에 의하면 누군가 병이 들 경우 우리는 그를 환자라고 명명하면서 정상적인 사회적 책임의 수행과 책임으로부터 면제시켜준다. 그렇기 때문에 이를 역이용하는 경우가 생길 수도 있다. 예를 들면, 꾀병을 부리거나 혹은 의식하지는 못하더라도 스트레스가 여러 신체 증상을 불러일으켜 환자 역할을 하게 만들기도 한다.

정신적인 고통도 마찬가지다. 불행하다고 느끼는 사람들 중에는 불행이 그 사람을 붙잡고 있는 것이 아니라 그 사람이 불행을 붙잡고 있는 경우도 많다. 이들은 한결같이 자신을 '피해자'라고 생각한다. 그러므로 피해자라는 정체성에 맞게 계속 '피해자 역할'에 머물러 있으려고 한다. 겉으로는 자신이 삶의 치유나 성장을 위해 나아가는 것을 바라지만 이들은 결코 그 상태에서 벗어나지 않으려고 한다. 이들에게 치유와 행복이란 피해자라는 자신의 정체성을 부정하는 것이고, 자신의 피해가 크지 않았다는 것을 말해주는 것이기 때문이다. 그래서 어리석게도 피해자 역할을 고집한다. 자신이 불행에 머무를수록 과거의 고통은 큰 것이고, 자신을 가해한 사람들의 잘못은 더욱 커지기 때문이다.

'환자 역할'처럼 '피해자 역할'을 하는 사람들은 삶에 대한 책임감을 방기한다. 그리고 누군가 자신을 계속 돌봐줘야 한다고 생각하거나 심할 경우 자신을 절대적으로 구원해줄 상대를 찾기도 한다. 결국 자신의 문제를 스스로 치유해나가려는 노력 없이 자신을 치료받아야 할 대상으로만 간주한 채 살아간다.

우리를 구원하는 것은 우리 자신이다

"아! 결국 내 문제는 내가 해결할 수밖에 없는 거네요? 선생님도 결국 나를 어떻게 해줄 수 있는 것은 아니군요."

상담을 하다 보면 종종 이런 순간이 찾아온다. 너무 당연한 말인지 모른다. 아무리 치료자라고 하더라도 어떻게 그 사람의 문제를 해결해줄 수 있겠는가! 내담자도 이성적으로는 자기 문제는 자기 힘으로 풀어야 한다는 것을 잘 알고 있다. 하지만 마음속으로는 기대와 환상을 가지고 상담하러 온다. 특히 피해자 역할을 하면서 인간관계를 '피해자', '가해자', '구원자'라는 삼각구도에서 관계를 맺어온 사람들일수록 이러한 '구원 환상'을 강하게 가지고 있다. '이 사람은 그래도 내 문제를 해결해줄 수 있지 않을까?', '누군가를 만나거나 혹은 기막힌 방법을 찾으면 나의 문제가 일시에 해결되지 않을까?'라는 강한 환상을 품고 살아간다.

상담을 해나가면 그러한 기대와 환상이 이루어질 수 없음을 깨닫는다. 마치 연애 초기에 상대가 자신을 다 이해해주고 늘 자기 옆에 있을 것이라는 환상을 갖다가 어느 순간 크게 실망하는 것과 다르지 않다. 이는 절망의 순간이지만 치료에 있어서는 질적인 전환의 순간을 의미한다. 물론 치료를 그만두는 경우도 있다. 그리고 한동안 방황하거나 실의에 빠져 있다가 자신의 문제를 해결해줄 또 다른 누군가를 찾아 나서게 된다. 그리고 잠시 그러한 기대를 충족시켜줄 수 있는 대상을 찾았나 싶다가 또다시 실망을 거듭한다.

그러나 그러한 절망을 통해 '구원 환상'을 내려놓고 자기 삶에 대한 책임감을 되찾는 사람도 있다. 타인에게 기대기보다 자신의 힘으로 문제를 하나하나 해결해나갈 수밖에 없다는 사실을 진심으로 받아들이게 된다. 누군가로부터의 구원이라는 환상이 깨지고 스스로의 구원이라는 새로운 희망을 만들어가는 순간이다. 자신을 더 이상 피해자 역할에 가두지 않고 스스로 자신의 삶을 만들어갈 주체로서 받아들이는 것이다.

심리학자 줄리언 로터Jullian Rotter는 '통제소재locus of control'에 따라 사람을 두 부류로 나눈 바 있다. 외적 통제소재를 가진 사람들은 운명이나 환경, 타인 등 외부적 요인에 의해 자신의 삶이 만들어진다고 생각하고, 내적 통제소재를 가진 사람들은 자신의 판단과 노력으로 삶을 만들어간다고 생각한다. 환자 역할이나 피해자 역할에서 벗어난다는 의미는 통제소재가 바로 자신의 내부에 있다고 생각하는 자세다. 이것이 바로 '자율성'이다. 통제소재가 내부에 있다고 느끼는 사람들일수록 스트레스를 덜 받고 문제 해결 능력은 커진다. 자신이 할 수 없는 것에 매달리거나 고민하기보다는 자신이 할 수 있는 것에 힘을 집중하기 때문이다. 미국의 여성고용평등을 위한 비정부기구인 카탈리스트Catalyst 회장 아일린 랭Ilene Lang은 자신의 스트레스 해결 능력이 높아진 이유에 대해 이렇게 말했다.

"내가 통제할 수 있는 일과 없는 일이 존재한다는 것을 인식하면서 나는 스트레스를 보다 잘 극복할 수 있었다. 내가 통제할 수 있는 일에 에너지를 집중하기 시작하자 나의 스트레스 해결 능력은 놀라운 발전을 보였다."

우리는 반복적인 훈련을 통해 통제소재를 외부에서 내부로 움직일 수 있다. 우선 복잡한 문제나 어려운 상황에 부딪힐 때마다 이렇게 말해보자. '나는 이 문제에 대해 뭔가 할 수 있어!' 그리고 할 수 있는 것을 찾아 하는 것이다.

누군가 자신의 구멍을 메워줄 것이라는 기대에서 벗어나 스스로 그 역할을 해야 한다는 자각이 들 때 진정한 치유는 시작된다. 결국 자신을 돌볼 수 있는 사람은 바로 자신이다. 그것은 하나하나 돌을 쌓아 자신의 집을 짓는 것과 같다. 언제 이 집을 다 지을까 막막할 수도 있지만 하나하나 돌을 쌓아가면 어설프더라도 자신만의 집을 지을 수 있다. 그리고 시간이 지나면서 더 좋은 집을 만들어갈 수 있다. 구원 환상이나 즉각적 문제 해결의 착각에서 벗어나 작은 성취와 긍정적 경험이라도 흘려버리지 말고 차곡차곡 채워나가는 것이 꼭 필요하다. 구원 환상을 버리고 스스로에게 문제 해결의 힘이 있다는 것을 믿을 때 우리는 어른이 될 수 있다. 자신을 스스로 돌볼 수 있을 때 그 사람은 어른이다.

가치를 부여하는 순간 특별해진다

스스로 동기부여하는 방법

내 나이 스물하고 하나였을 때
어느 어진 이가 하는 말을 들었지.
"돈이야 금화든 은화든 다 내주어 버려라.
그러나 네 마음만은 간직하라.
보석이야 진주든 루비든 다 내주어 버려라.
그러나 네 생각만은 자유롭게 하라."

-알프레드 하우스먼Alfred Housman

나를 움직이는 힘

'나라면 그렇게 행동하지 않을 텐데 왜 저 사람은 그렇게 행동할까?' 누구나 떠오르는 궁금증이 아닐 수 없다. 이를테면 자신이 모은 전 재산을 사회에 환원하는 사람일 수도 있고, 동상에 걸려 고통스러워하면서도 에베레스트 같은 고산을 무산소 등정하는 사람일 수도 있다. 심지어 세계 최고 기록을 위해 환각 증상을 보이면서도 18일간 잠을 안 자는 사람도 있고, 불가능에 도전하기 위해 물속에서 17분 넘게 숨을 참는 사람도 있다.

도대체 무엇이 사람들로 하여금 그런 행동을 하게 만든 것일까? 어떤 사람은 뭔가를 하겠다고 하면 꾸준히 하지만 왜 어떤 사람은 얼마

지나지 않아 싫증을 내고 그만둬버리는 것일까? 그것은 사람을 움직이는 동기의 체계와 강도가 다르기 때문이다. 그렇다면 동기란 무엇인가? 여기에서는 특히 자율성에 중요한 요소인 '자기 동기화'에 초점을 맞춰 살펴보고자 한다.

욕구, 감정 그리고 인지

만일 당신이 오늘부터 운동을 위해 매일 달리기를 하기로 결심했다고 하자.

- 당신은 왜 운동하기로 결심한 것일까?
- 여러 가지 운동 중 왜 달리기를 하겠다고 했을까?
- 과연 운동은 얼마 동안이나 지속될 수 있을까?
- 어느 날 달리기를 하지 않았다면 그 이유는 무엇인가? 혹은 어느 날 달리기를 하지 않았다면 그다음 날 달리기에 어떤 영향을 미칠까?
- 당신의 달리기는 어떻게 해서 멈추게 될까?
- 달리기를 계속하는 데 있어 방해 요소는 무엇인가?
- 달리기를 습관처럼 꾸준히 하려면 당신에게는 어떤 방법이 효과

적일까?

- 만일 가족 중 1명이 달리기를 하려고 하는데 동기가 낮은 상태라면 어떻게 도울 것인가?

이 모든 것이 동기를 이해해야 어느 정도 대답할 수 있는 질문들이다. 동기를 살펴보는 것은 기본적으로 자기를 이해하는 데 있어 무척 중요하다. 왜냐하면 자신을 움직이는 힘을 제대로 이해하면 우리가 어디로 가야 할지, 어떻게 해야 할지 잘 알 수 있기 때문이다. 그러면 인생을 살아가기가 좀 더 수월해진다.

사람을 움직이는 동기는 어디에서 나오는 것일까? 크게 3가지를 꼽을 수 있다. 바로 욕구, 감정, 인지다. 그러나 실제로 우리의 행동을 유발하는 요소는 이렇게 명확히 구분되지 않고 여러 요소들이 혼재되어 있다. 그러면 하나씩 자세히 살펴보자.

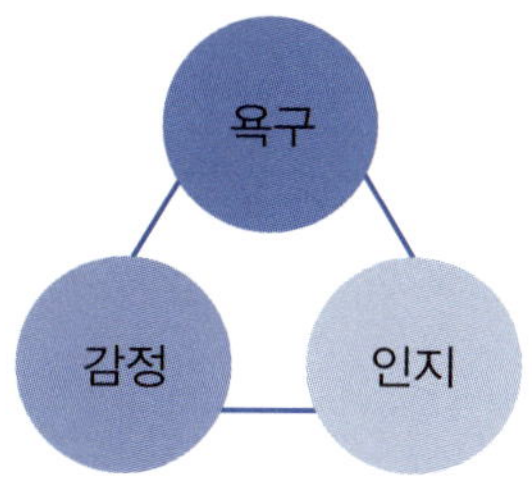

사람을 움직이는 동기의 3요소

1. 욕구

'욕구need'는 인간의 행위를 유발하는 가장 기본적인 동인이다. 이는 간단하게 2가지로 나뉜다. 생리적 욕구와 심리적 욕구다. '생리적 욕구'는 그야말로 인간이 한 생명체로서 생명을 유지하고 종족을 보존하기 위한 욕구다. 본능적 욕구이며 가장 기본적이고 몸으로 느낄 수 있다. 즉 먹고, 마시고, 쉬고, 자고, 섹스하고 싶은 욕구를 말하며 기본적으로 욕구가 충족되면 만족을 한다.

이에 비해 '심리적 욕구'는 사회적 존재로서 사랑받고, 소속되고, 성취하고, 인정받고, 새로운 경험을 해보고, 다른 사람에게 영향력을 행사하고, 점점 더 잘하고 싶고, 누군가를 돕고 싶은 욕구를 말한다. 이는 다시 타고난 심리적 욕구와 학습된 심리적 욕구로 나뉜다. 학습된 심리적 욕구를 '사회적 욕구'라고 부르기도 한다. 어느 시대 누구에게나 보편적으로 가지고 있는 타고난 심리적 욕구는 자율성, 유능성, 관계성의 욕구이다. 즉 사람이라면 누구나 스스로 결정하고 싶고, 점점 잘하고 싶고, 사람들과 연결되고 싶어 하는 일차적인 욕구를 지닌다. 이에 비해 학습된 심리적 욕구는 개개인의 생활 경험과 사회 환경에 의해 획득된 심리적 욕구를 말한다. 이는 유무형의 보상으로 활성화되는 욕구이며 대표적으로 성취의 욕구와 인정의 욕구를 들 수 있다. 그러므로 다른 환경과 문화에 의해 자랐다면 별로 중요하지 않을 수도 있다.

이러한 사회적 욕구는 생리적 욕구나 타고난 심리적 욕구와 달리 충족되기가 쉽지 않고 점점 더 많은 것을 바라게 한다. 생리적 욕구는 단지 맛있고 배부르면 충족되지만 사회적 욕구가 있기에 분위기 좋은 곳에서 비싼 것을 먹고 싶어진다. 그래서 만족하기 쉽지 않은 인간의 사회적 욕구를 '욕망desire'이라고 부르기도 한다.

문제는 환경과 문화의 영향으로 만들어진 사회적 욕구를 자신의 진정한 욕구로 착각하기 쉽다는 것이다. 즉 자율성, 유능성, 관계성과 같은 인간 본연의 욕구를 잊어버린 채 경쟁 우위와 성공일변도의 삶을 추구하기 쉽다. 외적 욕망에 이끌리느라 내적 욕구를 잃어버린다. 그러나 사회적 욕구는 아무리 채워도 충족이 잘 되지 않는다. 올라가면 갈수록 자신보다 더 많이 가진 사람들이 보이기 때문이다.

우리 마음에는 수많은 욕구가 있다. 중요한 것은 마음의 중심에 어떤 욕구가 있느냐이다. 마음의 중심에 있는 욕구가 삶의 모습을 결정한다. 누군가의 마음의 중심에 인정의 욕구가 있다면 그 사람은 최대한 타인의 인정을 얻기 위해서 혹은 타인의 인정을 잃지 않기 위해서 세상을 살아갈 뿐이다. 그러나 자율성의 욕구가 중심에 있다면 자신의 생각을 이야기하고 자신의 삶을 만들어갈 것이다. 내적 욕구가 마음의 중심에 있는 사람들이야말로 자율적인 삶을 살아갈 수 있다.

2. 감정

'감정emotion'은 어떤 현상이나 일에 대한 마음의 느낌을 말한다. 감정 역시 매우 복잡하고 다차원적이라 간단히 설명하는 것이 쉽지 않다. 감정은 다른 동기의 요소가 어떤 상태인지를 알려주는 역할을 한다. 즉 긍정적인 감정은 욕구가 잘 충족되고 있다는 것을 의미하고 부정적인 감정은 욕구가 제대로 충족되지 않았다는 것을 나타낸다.

그러나 욕구나 인지처럼 감정은 우리에게 그 자체로 에너지를 부여하고 행동을 이끈다. 운전 중 누군가 갑자기 차선을 바꿔 내 앞에 끼어들었다면 나는 화가 나서 클랙슨을 울리거나 소리를 지를 수 있다. 어떤 사람은 그 분노가 가시지 않아 어떻게든 다시 추월하여 그 앞으로 끼어들기도 한다. 심지어는 고속도로에서 다시 추월하여 급정차함으로써 큰 사고를 불러일으키기도 하고 주먹 다툼이 벌어지는 일까지 생기기도 한다.

불안이라는 감정도 마찬가지다. 미래에 대한 불안 때문에 우리는 저축이나 보험을 들고 뭔가를 배울 수 있다. 기본적으로 감정은 우리의 생존과 안전에 절대적으로 필요하다. 그것은 모든 감정이 그렇다. 우리가 부정적 감정이라고 이야기하는 분노, 두려움, 질투 등도 동기의 원천이며 조절을 잃지 않는다면 우리 삶에 기능적으로 작용한다. 그러므로 누군가 감정을 없애거나 느끼지 않으려고 한다면 그 사람은 동기를 없애는 것이나 다름없다.

3. 인지

'인지cognition'란 개인의 사고방식, 기대, 목표, 희망, 계획, 판단, 가치, 자기 평가, 신념 등을 포괄하는 개념이다. 이 역시 욕구와 감정처럼 사람을 움직이는 데 중요한 요소로 어떤 경우에는 가장 강력하고 지속적인 힘을 만들어내기도 한다. 어떤 생각과 가치관을 가지고 있느냐에 따라 삶의 방향이 좌우될 수도 있다.

그러나 이러한 인지적 요소는 내면의 욕구와 감정과 충돌하기도 하고 심지어는 욕구와 감정에 위배되기도 한다. 신앙을 위해 생리적 욕구도 억제하며 금욕적인 생활을 할 수도 있고, 종교나 민족을 위해 두려움을 무릅쓰고 자신의 목숨을 바칠 수도 있다. 이렇듯 우리가 어떤 행동을 할 때는 욕구나 감정이 아니라 인지 차원에서 유발될 수 있다. 그래서 쉽게 착각에 빠질 수 있다. 자신이 '좋아하는 일'을 한다고 하지만 사실은 '좋다고 생각하는 일'을 하는 것일 수 있다. 즉 인지는 유사 욕구를 불러일으키기도 한다. 이러한 경우에는 내적 욕구나 감정과 충돌을 일으키기 쉬워서 시간이 지날수록 즐거움이 사라지고 쉽게 지친다.

또한 개인의 생각이나 바라는 바와 현실의 상태가 다를 때 우리는 '부조화'를 경험하게 되고 이러한 부조화를 해소하기 위해 계획을 수립하고 행동을 하게 된다. 지금은 공부를 잘 못하지만 공부를 잘하고 싶다면 그러한 불일치를 해결하기 위해 노력할 것이다.

왜 어떤 동기는 강하고 오랫동안 지속되는가

한 노인이 조용한 마을에 혼자 살고 있었다. 이 노인은 특히 조용하게 혼자 있는 것을 좋아했다. 그런데 언제부턴가 노인의 집 앞에서 아이들이 시끄럽게 떠들며 놀았다. 화를 내고 소리를 질러도 그때뿐이었다. 너무 소란스러워서 견딜 수 없던 노인은 한 가지 묘수를 생각해 냈다. 그는 아이들을 불러 이렇게 이야기했다.

"너희가 앞으로 여기서 놀 때마다 1달러씩을 주마."

어리둥절한 아이들은 잠시 머뭇거렸지만 실제로 그 노인에게서 1달러씩 받게 되자 신이 났다. 노는 것도 즐거운데 그 대가로 1달러라는 적지 않은 돈을 받게 되자 더욱 신나게 놀았다. 게다가 그 소식을 듣고 더 많은 아이들이 노인의 집 앞으로 몰려들었다.

1주가 지나자 노인은 아이들에게 이렇게 이야기했다.

"이제 돈이 좀 부족해졌구나. 앞으로는 50센트씩 주마."

그러자 상당수 아이들이 불만을 터뜨렸다. 그래도 여전히 50센트가 생기는 것이니 아이들은 놀이를 계속 했다. 1주가 지나자 노인은 또 아이들을 불렀다.

"얘들아, 이제 돈이 정말 얼마 남지 않았구나. 5센트씩만 주마."

대부분의 아이들은 화를 냈다.

"할아버지, 우리가 하루에 5센트 받으려고 여기 온 줄 아세요? 그

돈으로는 아무것도 못 사요. 여기 아니면 놀 곳이 없을까봐?"

아이들은 다시 오지 않았고 노인은 드디어 조용하게 지낼 수 있게 되었다.

내적 동기가 외적 동기로 바뀌면서 원래 가지고 있던 욕구가 사라져버린 사례다. 처음에는 아이들이 자발적으로 놀았지만 보상이 주어지자 강화되는 것처럼 보였다가 다시 보상이 줄어들자 놀고자 하는 동기가 없어져버렸다. 이렇게 '동기의 원천이 어디에서 비롯되느냐'가 행동의 지속 여부를 좌우한다. 동기는 그 원천이 내부와 외부 어디에서 나오느냐에 따라 내적 동기와 외적 동기로 나눌 수 있다.

'내적 동기'란 동기의 원천이 기본적으로 본인이 가지고 있는 흥미, 호기심, 도전 의식, 자기 만족감 등에서 비롯된다. 이는 과제 수행의 결과에 대해 주어지는 강화와 관계없이 활동 그 자체로 즐거움과 만족감을 주기 때문에 지속력이 강하다. 쉽게 말해 그 사람이 좋아서 하는 일이며 일 그 자체로 보상이 된다. 그러므로 내적 동기에 의한 활동은 놀이 또는 유희의 성격을 지닌다.

내적 동기에 의한 활동을 보면 자발적으로 시작하고, 도전감 있는 과제를 선호하고, 그 과제 이외의 연관된 지식과 분야로 확대되고, 과제와 관련된 질문이 많고, 누가 있든 없든 상관없이 수행하고, 종종 과제를 즐기는 것처럼 보이는 등의 특징이 있다. 특히 '몰입'의 순간을 많이 느낄 수 있다.

그에 비해 외적 동기는 과제 그 자체와는 관계없이 과제의 해결이 가져다줄 보상이나 처벌에서 비롯되는 동기를 말한다. 이는 과제의 결과에 대해 강화가 주어질 때만 작동하는 것이어서 지속력이 약하다. 그러므로 외적 동기에 의한 행동은 외부의 계기에 의해 시작하고, 활동의 결과에 의해 크게 영향을 받으며, 외부적 자극이 사라지면 약해지기 쉽다.

동기를 또 다른 측면에서 구분하면 '접근 경향성'과 '회피 경향성'으로 나눌 수 있다. 일반적으로 접근 지향적인 동기 상태는 흥미, 희망, 기쁨, 만족, 욕망, 성취감, 자기 실현 등의 긍정적 상태를 의미한다. 그에 비해 회피 지향적인 동기 상태는 공포, 좌절, 불안, 압박감, 강박, 통증, 혼란 등의 부정적 상태를 의미한다.

'접근 동기approach motivation'는 기본적으로 소망에서 비롯되기 때문에 적극적인 반면, '회피 동기avoidance motivation'는 위험을 피하고자 하는 마음에서 비롯되기 때문에 소극적이다. 특히 접근 동기라고 하더라도 남보다 더 잘하려는 경쟁심이나 좋은 결과만을 바라는 목표의식이 아니라 내적 호기심과 만족감에서 비롯된 경우가 좌절을 잘 견뎌내고 꾸준히 해나갈 수 있다. 좋은 성적을 받고 싶어 공부하는 것과 학사 경고를 받지 않기 위해서 공부하는 것은 마음가짐부터 다르다. 다이어트도 마찬가지다. 자신의 몸을 사랑하고 건강을 위해 하는 사람도 있지만 살이 쪄서 다른 사람들이 싫어할까봐 다이어트를 하는

흥미	공포
희망	좌절
기쁨	불안
만족	압박감
욕망	강박
성취감	통증
자기 실현	혼란
접근 경향성 동기 상태	**회피 경향성 동기 상태**

사람도 있다. 누가 더 오래 지속할 수 있을까?

물론 현실에서는 이러한 동기의 구분이 쉽지 않고 복합적이다. 자신이 좋아하는 일을 하더라도 어떤 때는 놀이처럼 할 수 있지만 어떤 때는 마감에 쫓겨 하는 경우도 있다. 좋아서 하는 일이지만 경제적 문제를 해결할 수 없다면 그 일은 어느 순간 하고 싶지 않은 일이 될 수도 있다.

그래서 1990년대 들어 교육심리학자들은 내적 동기와 외적 동기의 이분법을 지양하고 새로운 해석을 제기했다.

내적 동기 = 자기 결정

이분법에서 벗어나 내적 동기를 '자기 결정'의 높은 상태라 보고 그 정도에 따라 자기 결정의 정도가 낮은 상태에서 높은 상태로 동기를 스펙트럼으로 이해했다. 동기의 상태는 상황과 시간에 따라 변화할 수 있으며 서로 배타적인 것만은 아니기 때문이다. 외적 동기가 높다고 해서 꼭 내적 동기가 낮은 것은 아니고, 외적 동기가 낮다고 해서 꼭 내적 동기가 높다고 할 수도 없다. 그럼에도 내적으로 동기화된 사람은 결과에 상관없이 지속적으로 행동할 가능성이 높다.

사람을 움직이는 것은 감정이다

영화 〈빌리 엘리엇Billy Elliot〉의 마지막 장면을 기억하는가? 강인한 남자로 자라길 바라는 아버지의 강력한 반대에도 불구하고 어린 빌리는 발레를 포기할 수 없었다. 발레와 사랑에 빠졌기 때문이다. 드디어 발레 학교 오디션을 보는 날, 빌리는 춤을 출 때 어떤 느낌이 드는지 질문을 받는다. 소년은 떨리는 목소리로 이렇게 대답한다.

"춤을 추는 순간 저는 모든 걸 잊어요. 제 몸 안에 변화가 느껴지면서 불길이 타올라요. 새처럼 날아가는 느낌이 들어요."

그로부터 10여 년 뒤, 빌리는 '백조의 호수'의 주인공으로 무대에 올라 창공을 향해 힘껏 날아오른다. 마치 날개 달린 한 마리 새처럼. 사랑과 열정은 이렇게 삶을 가장 생기 있고 밀도 있게 만든다. 세상에 사랑만큼 강력한 동기부여가 또 어디 있겠는가!

사람은 우리가 생각하는 것보다 훨씬 감정적인 존재다. 사람을 움직이는 힘 역시 그렇다. 논리나 이성보다는 감정이 우리를 움직인다. 그렇기 때문에 감정이 둔감해져 있다면 아무리 이성에 호소해도 소용없다. 인간관계에 감정적 갈등이 생겨 마음이 틀어지면 상대가 아무리 좋은 이야기를 해도 귀에 잘 들어오지 않는다. 뭉쳐진 감정을 풀어야 관계가 회복되지 서로의 의견을 교환한다고 해서 갈등이 해결되지는 않는다. 서로에 대한 반감과 불신을 해소하지 않는 한 갈등은 쉽사리 풀리지 않는다.

실제 무기력한 사람들을 보면 감정이 둔감해져 있는 경우가 많다. 자신이 누구인지, 자신이 원하는 삶이 무엇인지 잘 모르겠다고 호소하는 사람들 역시 자신의 감정을 느끼고 이해하는 데 서툴다. 자신이 무엇을 좋아하고 싫어하는지, 자신이 어떤 사람인지를 가늠할 수 있는 판독 장치가 감정이기 때문이다. 이렇듯 자신의 감정을 느끼고 인식하는 것이 자기 이해와 동기의 기초인데도 불구하고 많은 현대인들의 감정 장치는 훼손되어 있다.

특히 아이들의 자아 발달에 있어서 감정은 가장 소중한 부분이다. 자신이 어떻게 느끼는가는 자기가 세상에 존재한다는 정체감의 토대가 되고 관계 형성의 끈이 된다. '나 화났어', '무서워', '속상해', '와! 신난다', '사랑해' 등 아이들은 자신의 감정을 느끼고 표현함으로써 자아를 구축하고 관계를 형성한다.

아이들은 자라면서 좋은 감정과 나쁜 감정 혹은 느껴도 되는 감정과 느껴서는 안 되는 감정으로 감정을 구분하고 판단한다. 이성적으로 생각하고 판단하라는 이야기를 수도 없이 듣는다. 그러다 보니 자꾸만 내부 신호를 놓쳐버리는 것이다. 인생의 중요한 문제일수록 자신이 좋은지 싫은지를 잘 느끼는 것 자체가 중요한 판단 기준인데도 불구하고 점점 느끼지 못하게 된다. 결국 감정을 잘 느낄 수 없으면 우리는 자신이 누구인지를 잃어가고 스스로 뭔가를 행동할 수 없게 된다.

신경과 의사 안토니오 다마지오Antonio Damasio의 환자 중 엘리엇이라는 사업가가 있었다. 그는 유능하고 성공한 사업가였는데 전두엽 부위에 뇌종양이 생겼다. 그는 뇌종양을 제거하는 수술을 받았는데 그 과정에서 어쩔 수 없이 안와전두피질이라는 전두엽의 부위를 제거하게 되었다. 이 부위는 감정 정보를 받아들여 과거 기억에 비추어 그 의미를 평가하는 곳인데 이를 제거함으로써 그 기능에 문제가 생기게 된 것이다. 즉 그는 이제 감정을 잘 느낄 수 없게 되었다. 하지만 운동 능력, 언어 능력, 지적 능력에는 아무런 손상이 없었다.

수술 후 엘리엇은 어떻게 됐을까? 오히려 더 이성적으로 사고할 수 있어서 비즈니스를 잘하게 됐을까? 안타깝게도 감정을 잃어버린 엘리엇은 일상의 사소한 선택조차 하기 힘들어했다. 자극에 둔감해졌으며 결국 사업도 결혼 생활도 파탄을 맞고 말았다.[1]

감정적 자극이 없으면 선택하고 판단하는 것 자체가 어려워진다. 우리가 편견을 가지고 있는 것과 달리 감정은 부정적인 것도 아니고 이성에 비해 열등한 것도 아니다. 감정은 우리가 어떻게 행동해야 하는지를 알려주는 내부 신호다. 그런데도 많은 사람들이 감정을 문제아 취급한다. 자식을 자꾸 문제아 취급하면 점점 엇나가는 것처럼 우리 안의 감정도 불편하거나 불쾌하다고 해서 자꾸 나쁜 대상으로 취급하면 감정은 우리를 움직이는 힘이 아니라 수많은 문제를 야기하는 위험한 힘이 된다.

내가 움직이는 뇌, 뇌가 움직이는 나

우리의 행동은 이렇게 욕구, 감정, 인지가 서로 복합적으로 상호작용하면서 일어난다. 그런데 이 모든 작용이 어디에서 발생하는가? 바로 '뇌'다. 우리는 흔히 뇌라고 하면 '생각'을 떠올린다. 혹은 기억, 학습, 계획, 판단 등의 기능을 이야기한다.

하지만 뇌는 인지 기능 이상의 기능을 한다. 뇌는 이성의 중추이기도 하지만 감정과 욕구의 중추다. '내가 왜 이 행동을 해야 하는가?'를 생각하는 것도 뇌지만 '이 행동을 하고 싶다'고 느끼는 것도 뇌다. 즉 모든 동기와 정서 상태는 뇌의 상태를 반영한다고 볼 수 있다.

그렇다면 뇌는 어떻게 우리를 움직이게 할까? 첫째, 뇌 부위가 특수한 동기를 발생시킨다. 예를 들면 성취 동기와 회피 동기와 관련된 뇌 부위는 다르다. 성취 동기와 관련된 뇌 부위는 좌반구 전전두엽 활동과 밀접한 관련이 있는데, 이 부위가 활성화되면 목표 지향적인 행동에 관여하는 경향이 높아진다.

그에 비해 무언가를 피하기 위해 움직이는 회피 동기는 뇌의 중격 해마 체계와 우반구 전전두엽 활동과 관련이 있다. 전두엽의 경우 좌우측의 활성화 정도가 기분에 영향을 미친다. 재미있는 영화를 볼 때 좌뇌 활동은 증가하고 우뇌 활동은 감소한다. 혐오스러운 장면은 그 반대로 반응한다.

그러므로 좌측 전두엽 활동이 활발한 사람은 외향적이고 긍정적인 반면, 우측 전두엽 활동이 활발한 사람은 내향적이고 부정적인 감정을 더 잘 느낀다. 또한 불안과 공포를 느끼는 편도체를 비롯한 변연계(뇌 가운데 여러 신경 조직이 기능적으로 연결된 둥그런 원형 회로)의 활성화 정도가 사람마다 다르기 때문에 편도체가 활성화된 사람일수록 회피 동기가 강하다.

둘째, 신경 전달 물질들이 뇌를 자극한다. 신경 전달 물질이란 뇌의 중추 신경계 내의 정보 전달자라고 할 수 있다. 뉴런은 신경 전달 물질을 통해서 서로 소통한다. 흔히 동기와 관련된 4가지 신경 전달 물질은 다음과 같다. 보상을 통한 만족감과 관련된 '도파민', 기분과 정

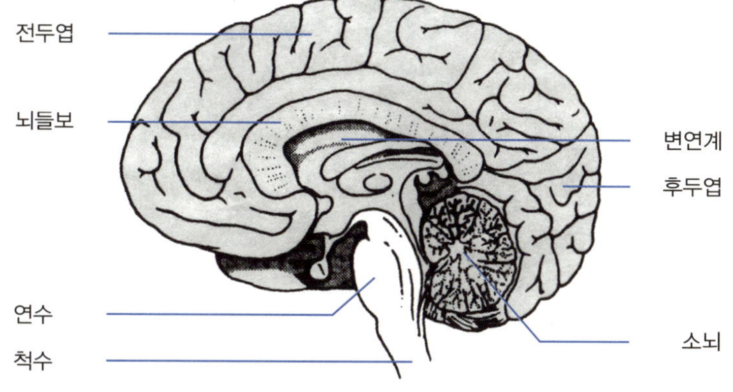

뇌의 구조

서에 영향을 주는 '세로토닌', 각성과 경계를 조절하는 '노르에피네프린', 부정적 감정과 통증을 감소시키는 '엔도르핀'을 꼽을 수 있다.

이 중 도파민이 중요한 역할을 한다. 도파민은 쉽게 말해 좋은 느낌을 유발시킨다. 우리가 하루를 시작할 때 도파민은 일정한 양이 존재한다. 그리고 우리는 보상이나 즐거움을 예상할 수 있는 활동을 할 때 도파민이 방출되기 때문에 그러한 활동을 선택하기 쉽다. 쾌감이란 도파민이 급격한 방출에 의해 나타난 결과다.

그런데 이 도파민 방출은 정확히 말하면 쾌락적 활동을 할 때 발생하는 것이 아니다. 보상을 예상할 때부터 이미 방출된다. 우리는 실제 섹스를 하거나 음식을 먹기 전부터 이러한 생각을 하는 것만으로도 쾌감을 경험할 수 있다. 인간은 원하는 것이 이루어지는 것보다 원하는 것을 꿈꿀 때 더 즐겁다. 그런데 섹스와 식사처럼 그 즉시 쾌감을 주는 활동도 있지만 어떤 경우에는 불편과 노력을 감수하고 나서야 쾌감을 주는 활동도 있다. 이를테면 산에 오르는 불편을 겪고 나서야 등산의 즐거움을 알 수 있고, 놀고 싶은 욕구를 참고 시험 공부를 해야 뒤늦게 합격의 성취감을 맛볼 수 있으며 사랑하는 사람을 애타게 그리워하다가 떨리는 마음으로 고백했을 때 데이트에 성공하기도 한다. 그런데 이런 경우 원치 않는 결과도 얼마든지 있다. 산에 가서 다칠 수도 있고 고생만 하고 시험에서 떨어질 수 있으며 용기를 내어 고백했다가 거절당할 수도 있다.

그러므로 사람들은 고통이나 불편 없이 바로 쾌감을 주는 활동에 탐닉하기 쉽다. 이는 중독으로 이어진다. 즉각적인 쾌감을 주는 활동들은 그만큼 즐거운 기분이 지속적으로 이어지지 못하고 금방 사라지고 점점 무뎌지기 때문에 비슷한 강도의 쾌감을 느끼려면 더 새롭거나 강한 자극이 필요하다. 인터넷이나 TV로 쇼핑을 하게 되면 상품이 배송될 때까지 기분이 좋지만 받고 나면 금방 좋은 기분이 사라져버리는 것을 생각해보라. 정작 구입한 제품들은 사용하지도 않고 방구석에 처박혀 있는 경우가 많다. 다시 기분이 좋아지는 방법은 갖고 싶은 뭔가를 또 사는 것이다.

그에 비해 스트레스를 받으면 노르에피네프린이나 코르티솔과 같은 스트레스 호르몬이 분비된다. 이러한 물질들이 분비되면 긴장이 유발되고 우리는 스트레스 앞에서 싸우거나 도망치도록 동기화된다. 불안하고 괴로운 일이다. 그런데 스트레스 호르몬인 코르티솔과 즐거움의 신경 전달 물질인 도파민이 함께 분비될 때가 있다. 이는 어쩔 수 없이 스트레스를 받는 상황이 아니라 스스로 원하는 바를 위해 스트레스를 선택할 때 일어난다. 앞에서 이야기한 것처럼 산에 오르기 위해 불편함을 기꺼이 무릅쓰거나 실패할지도 모른다는 두려움을 안고 목표를 향해 도전하고 노력할 때나 거절당할지도 모른다는 불안을 느끼며 사랑하는 사람에게 고백할 때 우리 뇌에서는 스트레스 호르몬과 함께 도파민이 분비되는 것이다.

이때의 즐거움은 짧은 순간의 쾌락이 아니라 지속적인 만족감에 가깝다. '즐거움'과 '자발적 불편함'이 만날 때 우리는 진정 행복해지는 것이다. 즉 불편 없는 즐거움이 나쁜 행복감이라면 불편과 함께 느끼는 만족감은 좋은 행복감이다. 그러므로 행복하지 않은 사람에게 정말 필요한 것은 쾌락이 아니라 스스로 선택하는 불편과 도전이다.

당근과 채찍은
효과가 있을까

쇼를 하는 물개는 생선을 줘야 재주를 부리지만,
바다의 물개는 바다 자체가 놀이터다.

동물의 행동을 연구하는 과학자들은 동물을 움직이는 힘이 2가지라고 본다. 첫째는 먹고 자고 번식하는 것과 같은 생물학적 본능이며, 둘째는 일명 '당근과 채찍'이라고 부르는 처벌과 보상 같은 외적 동기다. 미국의 심리학자 벌허스 스키너Burrhus Skinner를 위시한 행동주의 심리학자들은 인간도 역시 기본적으로 동물과 다르지 않으므로 체계적인 보상을 통한 행동 수정을 강조한다.

그러나 미국의 심리학자 에드워드 데시Edward Deci 같은 자기결정성self-determination 이론을 주장하는 학자들은 인간을 움직이는 또 다른 힘이 있다고 주장한다. 즉 인간은 당근과 채찍이 없더라도 행동 그 자체에서 만족감을 느끼는 '내적 동기'와 스스로 유능함과 새로움을 추구하는 '자율성과 자기 학습'의 동기가 있다는 것이다.

누구의 의견이 맞다고 생각하는가? 이는 당신이 자신을 자율적인 존재로 보는지, 타율적인 존재로 보는지에 따라 달라질 것이다.

가장 효과적인 동기부여 방법

나는 중학교 때부터 일기를 썼다. 그런데 꾸준히 쓰지 못하고 중간에 중단하는 일이 반복됐다. 매번 자신과의 약속을 지키지 못하는 내 자신이 싫었다. 일기는 늘 이런 식이었다. '난 ~해야 했다. 그러나 ~하지 못했다. 나는 왜 이럴까? 내가 싫다.' 그리고 그런 잘못을 한 나에게 벌을 줘야 한다고 생각했다. 늘 나를 채찍질하는 것이 습관이었다. 내가 못한다고 느낄 때마다 나를 비난하고 공격했다. 자신을 채찍질하고 다시 잘해보자는 다짐을 매번 내용만 바꿔가며 일기에 적었다. 그러다 보니 나는 점점 더 채찍질을 가해야만 움직일 수 있었다. 왜 일기 쓰는 것을 힘들어하고 왜 그렇게 해야 하는지 묻지 않은 채 단지 꾸준히 하지 못하는 내 자신을 용납하지 못했다. 그냥 나를 채찍질하면 더 잘 달릴 수 있을 것 같았다.

대학생 때는 그런 의미에서 자기 처벌과 극기 훈련의 목적으로 산

에 자주 다녔다. 산을 좋아한 것이 아니라 인내심을 시험하기 위해 산
에 올랐다. 풍광을 즐기는 것이 아니라 얼마나 빨리 산에 올라가느냐
가 중요했다. 제대로 즐기기는커녕 제대로 쉬지도 않았다. 무리해서
종주하느라 산에서 길을 잃은 적도 있고 몸살이 난 적도 있었다. 산행
역시 채찍질의 하나였다. 나를 세게 다루는 것이 나를 강하게 만드는
것이라 여겼기 때문에 그것을 자기 사랑으로 생각했다. 그러다 한번
은 산행 중 심한 몸살과 고열에 거의 탈진 상태가 된 적도 있었다. 그
때서야 심각하게 내 자신에게 물었다. '지금 난 무엇을 위해 이런 산
행을 하는 것일까?' 계속 때릴수록 열심히 달리는 것이 아니라 결국
쓰러지는 것이라는 것을 그제야 깨달았다.

돌아보면 나는 나에게 가혹한 마부였다. 여물도 잘 주지 않으면서
많은 짐을 끌게 했고 제대로 쉴 시간도 주지 않았다. 오히려 말이 지
쳐 힘들어할 때마다 휴식이 아니라 채찍질을 가했다. 그런 행동이 말
을 사랑하는 것이라 착각하면서. 이는 오랜 자기 학대의 습관이었다.

흔히 말은 당근과 채찍이 있어야 달릴 수 있다고 말한다. 하지만 그
것은 인간이 수레를 끌게끔 말에 재갈을 물리고 강제로 길들일 때 이
야기다. 들판의 말은 그냥 잘 달린다. 달리는 것이 본성이기 때문이다.
쇼를 하는 물개는 생선을 줘야 재주를 부리지만, 바다의 물개는 바다
자체가 놀이터일 따름이다.

아이들은 원래 뭔가를 얻기 위해서나 혼나지 않기 위해서 배우려고

하지 않는다. 단지 호기심을 느끼고 더 알고 싶기 때문에 배우려고 한다. 하지만 어른들은 아이들을 말처럼 대한다. 아이의 능력을 키워주는 것이 아니라 길들이고 가르쳐야 할 대상으로 본다. 안에 있는 것을 밖으로 이끌어내는 것이 아니라 밖에 있는 것을 안으로 집어넣어 주려고 한다. 기본적으로 양육과 교육을 '자라는 것growing'이 아니라 '만드는 것making'이라고 생각한다.

이렇듯 훈육과 교육이라는 이름하에 자행되는 통제와 위협 그리고 숱한 경쟁 속에서 비교와 좌절을 겪으면서 아이들은 내재된 자율성을 점차 거세당한 채 어른이 되어간다. 점차 외부의 당근과 채찍에 의해 움직이는 말이 되는 것이다. 그리고 어느 순간 아이는 마부가 되어 자신을 말처럼 대한다. 더 이상 때리거나 밥을 주는 사람이 없는데도 밥이 없거나 때리지 않으면 움직이는 않는 말이 되어버린다.

사람들은 흔히 보상을 많이 받으면 열심히 일할 것이라고 생각한다. 물론 어느 정도 맞는 말이다. 상금을 걸고 일을 한다면 눈에 불을 켜고 하지 않겠는가. 그러나 사람들이 잘 모르는 것이 하나 있다. 보상을 받아서 열심히 하게 되면 그 후 보상이 없으면 일을 하지 않는다는 사실이다. 보상으로 유발한 행동은 보상이 사라지면 그 행동도 사라지고 만다. 부모가 아이들을 공부시킬 때 보상을 주는 약속을 하는 경우가 많다. 공부를 몇 시간 하면 게임을 몇 시간 하게 해준다거나 시험 성적이 오르면 휴대폰을 바꿔주거나 필요한 것을 사주겠다고 제안

한다. '공부만 잘하면 뭐든 못 해주겠느냐'는 것이 부모의 태도다.

그렇다면 이러한 보상은 공부에 어떤 영향을 미칠까? 40여 년간 인간 행동의 동기를 연구해온 에드워드 데시는 매우 의미 있는 실험을 했다. 보상 없이 기꺼이 해오던 행동에 보상을 해주기 시작하면 어떤 일이 일어날까?

먼저 대학생들을 두 집단으로 나누고, 성인들도 재미있어 하는 블록 퍼즐로 비행기나 강아지 등의 작품을 만들게 하면서 한 집단에는 작품을 만들 때마다 소액의 상금을 주고 다른 집단에는 아무런 보상을 해주지 않았다. 30분 정도 걸리는 퍼즐 게임이 끝나고 휴식 시간을 주었는데 이 실험에서 정작 중요한 것은 바로 이 휴식 시간이었다. 금전적인 보상을 받은 학생들은 자유 시간이 되자 대부분 퍼즐 놀이를 바로 그만두고 잡지를 보거나 다른 방식으로 시간을 보냈다. 그 자체로 흥미로운 활동이었던 퍼즐이 보상을 얻기 위한 도구적 활동으로 전락해버린 것이다.

비슷한 후속 실험이 학교 신문사의 기자들을 대상으로 이루어졌다. 늘 무보수로 일하던 학생 기자들에게 기사를 쓸 때마다 돈을 지급했더니 일단 돈을 받기 시작한 학생 기자들은 활동 자체에 대한 관심이 전보다 줄어들었고 어느 순간 보수가 중단되자 더는 전처럼 열심히 활동하지 않았다. 그 후에도 비슷한 실험을 반복했는데 항상 동일한 결과가 나왔다. 결론은 금전적 보상은 사람들의 내면의 동기를 떨

어뜨린다는 것이다.[2]

물론 이렇게 간단히 결론을 내릴 수 있는 문제는 아니다. 지속력이 강한 내적 동기를 유발하는 것이 바람직하지만 적절한 외적 동기 유발 방법을 적용하지 않고 순수한 내적 동기 유발만은 어렵기 때문이다. 경우에 따라서는 보상과 같은 외적 동기 유발을 통해 내적 동기를 자극할 필요가 있다.

그러나 외적 동기가 자동으로 내적 동기화하는 것은 아니므로 보상이나 경쟁을 통해 유발된 외적 동기가 내적 동기로 전이될 수 있도록 유도해내는 것이 중요하다. 즉 불을 피우기 위해 휘발유가 필요할 수 있지만 이는 초기에만 활용해야지 휘발유로 계속 불을 피우려고 해서는 안 되는 것과 같다.

불을 계속 피우려면 장작을 넣어야 한다. 외적 보상이 주가 되어서는 곤란하지만 이를 적절한 범위 내에서 활용하는 것까지 부정적으로 볼 필요는 없다. 다만 외부의 통제나 보상에 의해 자신이 행동한다고 느낀다면 기본적으로 자기결정력이 위축되고 결과적으로 내적 동기가 위축될 위험성이 있음에 주의를 기울여야 한다. 즉 보상이 수행의 질이 높다는 것을 알려주는 정보 기능을 한다면 이는 유능성과 내적 동기를 상승시키지만 행동에 따른 보상이 그저 반사적으로 이루어진다면 보상은 오히려 내적 통제감과 내적 동기를 떨어뜨릴 수 있다.

경쟁은 내면의 동기를 훼손시킨다

오늘날 우리 사회는 경쟁이 보편화되었다. 학교는 성적을 통해 경쟁을 시키고 기업은 실적에 따라 평가를 하고 순위를 매긴다. 그렇다 보니 성적과 순위만이 그 사람의 가치를 좌우하는 잣대가 되었다. 성적과 순위가 좋으면 가치감과 동기가 유지되지만 성적과 순위가 떨어지기라도 하면 가치감과 동기 역시 떨어지고 마는 것이다. 더 심한 경쟁으로 치닫게 되면 성적과 순위가 좋은 사람도 자유로울 수 없다. 그 자리를 유지하는 것 자체가 스트레스가 되기 때문이다.

결국 과도한 경쟁에서 불안하지 않은 사람은 없다. 상층부나 하층부나 피라미드 전체가 흔들리기 때문이다. 과도한 경쟁은 보상과 마찬가지로 활동 자체는 관심 밖으로 멀어지고 내면의 동기가 훼손되는 부작용을 일으킬 수 있다. 반면 이러한 견해에 동의하지 않고 경쟁이 내면의 동기를 높여준다고 주장하는 사람들도 있다.

에드워드 데시는 이러한 견해에 대한 해답을 얻기 위해 퍼즐 게임의 방식을 약간 바꿔서 실험을 했다. 실험 참가자들과 조교를 나란히 앉혀 3가지 작품을 만들게 하면서 실험 참가자의 절반에게는 조교보다 빨리 퍼즐을 완성해 이기는 것이 목표라고 했고, 나머지 절반에게는 경쟁이나 승리라는 말은 하지 않고 그저 최대한 빨리 퍼즐을 완성하라고만 했다.

그 결과, 경쟁을 붙인 실험 참가자들은 경쟁 없이 최선을 다한 이들에 비해 내면의 동기가 떨어지는 것으로 나타났다. 그것은 경쟁에 이겼을 때도 마찬가지였다. 경쟁이 흥미로운 과제에 대한 내면의 동기를 훼손시킨 것이다. 금전적 보상, 위협 그리고 경쟁이 모두 내면의 동기를 약화시킨다면 내면의 동기를 높일 수 있는 요소는 과연 무엇일까?

조금 변형된 퍼즐 실험 결과를 살펴보자. 이번에도 두 집단에게 퍼즐 게임을 하게 했다.

A집단 : 퍼즐 게임의 어떤 과제를 얼마의 시간 동안 풀 것인지 스스로 선택하게 했다.

B집단 : A집단이 정한 과제와 작업 시간을 일방적으로 부여했다.

결과는 어땠을까? 똑같은 과제를 똑같은 시간에 수행했음에도 불구하고 두 집단 간 차이가 발생했다. 과제와 시간을 스스로 선택한 A집단은 그것을 일방적으로 부여받은 B집단에 비해 퍼즐을 더 오래 가지고 놀았고 몹시 마음에 들어했다. 사소한 것일 수 있지만 스스로 선택을 하게 했더니 A집단은 똑같은 경험을 훨씬 더 긍정적으로 받아들였고 내면의 동기도 강해졌다.

이 실험에서 중요한 것은 자율성과 통제의 관계다. 똑같이 어떤 일을 해야 하는 상황이라고 해도 그것을 실행하는 방법에서 조금이라도 자유를 누리면서 자율성을 인정받으면 집중도는 훨씬 높아지며 더 나아가 그 과제를 어느 정도 즐길 수 있게 된다. 즉 지시받은 일이라고 하더라도 스스로 선택할 수 있는 여지가 있다면 동기는 높아질 수 있다. 스스로 선택하는 것 자체가 우리에게 만족감을 주기 때문이다.

아이에게 "오늘은 이 옷을 입고 가!"라고 말하기보다는 몇 벌의 옷을 보여주고 아이가 선택해서 입게 한다면 아이의 자율성은 존중받는 것이다. 비단 옷뿐이랴. 작은 범위에서라도 아이에게 선택의 기회를 준다면 아이는 보다 적극적으로 행동할 것이다.

그러나 아이러니하게도 우리 사회에서 학교나 기업이 채택하는 방식은 그와 정반대다. 통제를 강화해야 한다고 생각하고, 일일이 지시하고, 한 일에 대해 책임을 묻는다. 하지만 지나친 통제와 선택의 박탈은 자율성을 침해하고 만다.

우리는 믿는 만큼 행동한다

2003년 네덜란드 드라흐텐이라는 작은 도시에서 놀라운 실험이 펼쳐졌다. 리바이플라인Laweiplein이라는 사거리에서 신호등과 교통 표지판, 차선 그리고 차도와 인도를 가르는 턱도 모두 없애고 원형 교차로로 바꾸었다. 규칙은 단 하나, 우측 통행이다. 건널목이 있지만 어느 곳으로 지나도 상관없었다. 처음에는 사람들이 무척 혼란스러워했다. 사람들이나 자동차를 운전하는 사람들이나 모두 조심스러웠다. 하지만 시간이 지나면서 서서히 효과가 나타났다. 운전자와 보행자가 눈빛을 나누고 손짓을 주고받으면서 차차 안정을 되찾았다. 더 놀라운 일도 벌어졌다. 2007년 조사에 따르면, 바꾸기 전 9년(1994~2002년)과 바꾼 뒤 2년(2004~2005년)을 비교하니 교통사고는 9년 동안 75건에서 두 해 동안 2건으로, 사람이 다친 일은 모두 17건에서 1건으로 줄었다. 버스 교차로 통과 시간도 절반으로 줄어들어 교통 흐름도 매우 원활해졌다.[3]

이 실험을 진행한 한스 몬더만Hans Monderman은 각종 교통 안내와 신호가 인간의 상호 소통을 가로막고 있으며, 규제 없이는 질서가 잡히지 않는다는 생각이 오히려 사고의 위험성을 조장해 왔다고 강조한다. "사람을 바보로 취급하면 바보로 행동한다"는 것이 몬더만의 주장이다.

어느 누구나 삶에 대한 빛나는 호기심과 내면의 동기를 가지고 태어난다. 아이들은 사물이나 현상에 대해 만지고, 맛보고, 흔들어보고, 빨고, 생각하고 묻는다. 아이들은 외부 보상 없이 단지 이전에 하던 것보다 더 잘하기 위해서 뭔가를 하거나 여기저기 돌아다닌다. 그리고 스스로 결정하기를 원하고 자신의 방식으로 실험하고자 한다.

그러나 이러한 자율적 의지가 잘 자라지 못하고 당근과 채찍에 의해 길들여지면서 우리는 점점 타인과 사회의 요구에 끌려다닌다. 통제와 지시에 의해 움직이고, 이득이나 위협을 느끼지 않으면 시작도 하지 않는다. 이러한 타율적인 모습은 통제의 결과로 나타난 것이지 우리 본성의 표현이 아니다. 그것이 바로 인간의 소외다. 더 이상 질문하지 않고 공부 자체에 흥미를 잃어버린 학생들, 회사에만 가면 무기력하고 시키는 일만 하는 직장인들, 자신의 삶은 도외시한 채 아이들의 성적이 떨어지면 불안해서 어쩔 줄 모르는 부모들! 이는 유무형의 통제와 경쟁 속에서 자신감을 잃고 자율성을 거세당한 현대인들의 자화상이다.

그러나 야성이 거세된 개도 밤이 되면 흰 이빨을 번득거리고, 얌전한 고양이도 한 번씩 날카로운 발톱을 드러내는 것처럼 우리 안에도 분명 거세되지 않고 남아 있는 태생적인 자율성이 있기 마련이다. 비록 사회화되고 타율화되었다고 하더라도 우리 안에는 여전히 자율적인 삶을 살아가고자 하는 욕구와 힘이 남아 있다. 우리는 선천적으로 능동적이고 활동적이고 스스로 동기화되는 존재이기 때문이다.

앞에서 여러 가지 욕구에 대해 이야기했지만 에드워드 데시 등은 인간의 행동을 이해하는 데 다음의 3가지 심리적 욕구가 중요하다고 말한다.

1. **자율성의 욕구** 인간은 스스로 결정하고자 하는 욕구가 있다. 스스로 선택하고 자신의 행동에 대한 이유가 있을 때 행동을 지속할 수 있다.

2. **유능감의 욕구** 인간은 자신의 능력을 향상시키고자 하는 욕구가 있다. 자신의 능력에 맞는 도전을 추구함으로써 유능성을 획득하고자 한다. 그래서 개인의 유능감이 높을수록 심리적 안녕감도 높다.

3. **관계성의 욕구** 인간은 다른 사람과 친밀함을 느끼고 관계를 맺고자 하는 욕구가 있다. 인간은 사회적 존재이기 때문이다.

이 3가지 속성은 인간이 가지고 태어난, 즉 일차적인 심리 욕구다. 그러므로 인간은 이러한 욕구를 충족하는 방향으로 행동하도록 설계되어 있다. 그렇다면 스스로 결정하려고 하지 않고, 자신을 향상시키려고 하지 않는 사람들은 왜 그런 것일까? 이는 본연의 모습이 아니라 좌절과 상처로 인해 심리적 욕구가 꺾여버렸기 때문이다.

내적 동기를 유발시키고 외적으로 동기화된 행동을 내면화시켜 내적 동기와 통합시키려면 인간의 3가지 기본 욕구인 '자율성', '유능감', '관계성'의 욕구를 자극하고 충족시켜줄 수 있는 환경이 중요하다. 에드워드 데시의 자기결정성 이론은 인간의 행동을 자율성의 정도에 따라 '순전히 타율적인 행동'에서부터 '완전히 자기 결정된 행동'에 이르는 일련의 연속체 선상에서 개념화하고 있다. 그러나 다소 학문적 용어를 사용하고 있어 나는 이를 변형하여 다음과 같이 6단계 동기로 나누어 사용한다.

0단계 **무동기**

그야말로 왜 해야 하는지 그 의미를 전혀 모르고 하거나 하고 싶지 않은 상태다. 활동에 가치를 두지 않으며 다수는 자신이 그 과제를 잘해낼 수 있을 것이라고 기대하지도 않는다. 학생이라면 공부는 전혀 하지 않고 잠을 자거나 다른 행동에 빠져 있는 경우라고 할 수 있다. 혼나거나 불이익을 받는 것도 신경 쓰지 않기 때문에 아무 의욕이 없는 상태로 무기력하게 있거나 혹은 중독 행동에 빠져 고립된 생활을 할 수 있다.

1단계 **회피 동기**

그 활동을 하지 않으면 혼나거나 불이익을 당하기 때문에 한다. 자기 결정이 전혀 반영되어 있지 않다. 학생이라면 혼나지 않기 위해서 공부를 하고, 직장인이라면 잘리거나 불이익을 당하지 않을 정도로만 일을 한다.

2단계 **물질적 보상 동기**

그 활동을 하면 물질적인 보상이 주어지기 때문에 한다. 학생이라면 2시간 공부 후 1시간 게임을 할 수 있거나 밖에 나가 놀 수 있기 때문에 공부한다. 직장인이라면 급여를 올리거나 승진을 하기 위해 일을 한다. 그러나 물질적 보상이 주어지지 않는다면 급속도로 동기가 사라진다.

3단계 **당위 동기**

내적 이유가 아니라 의무감이나 당위 차원에서 '열심히 해야 한다고 생각하는' 단계다. 그렇지만 실제 열심히 할 수도 있다. 학생이라면 당연히 공부를 열심히 해야 하고, 자식이니까 나이 든 부모를 보살펴야 하고, 주어진 일이니까 충실히 해야 한다고 생각하는 경우다.

4단계 정신적 보상 동기

타인의 인정을 바라고 이를 통해 자신의 가치감을 느끼고자 행동한다. 어떻게 보면 매우 적극적이고 누가 보나 안 보나 스스로 하는 것처럼 보일 수 있지만 이들의 동기 원천은 외부의 인정에 있다. 인정을 받는 것 자체가 중요하다. 그런데 성적이나 평가가 안 좋아지면 이들의 가치감은 쉽게 떨어지고 매우 불안해지며 공부나 일을 피해버리기도 한다.

5단계 중요도 동기

활동에 자신의 가치나 목표가 담겨 있어 스스로 선택해서 활동을 하는 단계다. 학생이라면 누가 알아주지 않더라도 공부를 하는 것이 나에게 가치 있는 일이고, 지금 하는 공부를 통해 내가 원하는 목표에 다가갈 수 있기 때문에 공부를 한다. 행동과 자신의 가치 체계가 통합되어 발현되기 때문에 누가 보거나 보지 않거나 스스로 공부할 수 있다. 다만 공부하는 과정 자체가 즐거움을 주는 것은 아니기 때문에 엄밀한 의미에서 보면 내적 동기라고 볼 수는 없다. 하지만 이 5단계 동기는 무척 중요하다. 외적 동기와 내적 동기를 이어주는 교량 역할을 해주기 때문이다.

6단계 내적 동기

순수한 내적 동기 상태다. 이 단계에서는 일이나 공부를 통해 모르는 것을 알아가는 것 자체가 즐겁고, 어려운 도전을 향해 나아가는 것 자체가 만족스럽다. 이들은 도전감을 주는 과제를 선호하고 호기심 때문에 과제를 수행하기도 하고 과제 수행의 결과를 자신의 내부 기준에 의해 판단한다.

당신이 지금 하는 일은 몇 단계 동기인가? 물론 이는 편의상 구분을 한 것이기 때문에 꼭 하나의 동기 단계로 지금의 활동을 규정할 필요는 없다. 다만 그 비율이 얼마나 되는지 알 필요가 있다. 낮은 단계의 동기 수준에 있다면 어떻게 상위 단계로 옮겨갈 수 있을까? 그것이 바로 자기 동기화에 있어 중요한 점이다. 이는 단지 '열심히 하지 않으면 안 된다'는 위기감이나 '열심히 하자!'는 구호나 결심으로 되는 것은 아니다.

자기 동기화에 있어 중요한 점은 내적 동기를 찾아내고, 타인과의 비교나 평가에서 벗어나 실력 향상을 위한 성장 목표를 지니고, 작은 성취를 통해 자신감을 갖고, 의지력과 인내심을 키우는 등 종합적인 노력을 해야 한다.

※ 175쪽에 있는 설문지를 통해 자신의 동기 상태를 평가할 수 있다.

그 일은
나에게 중요한가

당연한 이야기지만 자율적으로 살아가려면 외적 동기보다 내적 동기의 비율이 높아야 한다. 누가 시키지 않아도 스스로 좋아서 하는 것만큼 자율적인 것이 어디 있겠는가! 그러나 내적 동기란 그 활동 자체에서 즐거움과 만족감을 느끼는 것이라 이를 만나기가 쉽지 않다.

많은 사람들이 '가슴 뛰는 일을 하라'고 이야기하지만 어디 그게 말처럼 쉬운 일인가. 처음부터 끝까지 즐거움과 만족을 줄 수 있는 일이 세상에 어디 있겠는가. 이론과 현실의 괴리는 너무 크다. 언제까지 가슴이 뛰는 일을 찾기 위해 현실에 발을 붙이지 못하고 고민만 하고 있을 것인가!

앞에서 이야기한 것처럼 동기가 고정된 것이 아니라면 외적 동기를 내적 동기로 바꿀수 있는 방법은 없을까?

외적 동기를 내적 동기로 바꾸는 방법

동기는 고정적이지 않다. 외적 동기가 낮다고 해서 내적 동기가 꼭 높을 수는 없다. 둘 다 낮을 수도 있다. 그리고 한 번 외적 동기는 계속 외적 동기로 이어지는 것도 아니다. 외적 동기에서 내적 동기로 옮겨 갈 수도 있고 내적 동기에서 외적 동기로 바뀔 수도 있다. 왜 사람도 처음에는 별로였거나 좋지 않았는데 시간이 지나면서 정말 괜찮다고 느껴지고 좋아하는 마음이 생기는 경우도 있지 않은가! 마찬가지로 처음에는 별로 좋아하는 활동이 아니었지만 점점 좋아질 수도 있다.

그렇다면 무엇이 외적 동기를 내적 동기로 전환시켜주는 것일까? 여기에는 2가지 요소가 관련되어 있다. 첫째는 '향상감'이다. 처음에 는 하기 싫거나 별로 관심이 없었지만 막상 질적 향상이 이루어지고 학습 속도가 빨라지면 우리는 즐거움을 느낄 수 있다. 타고난 심리적 욕구인 유능감의 욕구가 충족되면서 내적 동기로의 전환이 이루어지 는 것이다.

둘째는 '중요성'이다. 똑같이 하기 싫은 일이라고 하더라도 그것이 자신에게 얼마나 중요한지에 따라 하기 싫은 일이라도 내적 동기화될 수 있다. 실제로 시켜서 하거나 보상이나 처벌 때문에 하는 것은 아니고 그렇다고 그 활동 자체에서 재미나 즐거움을 느끼지는 않지만 열심히 하는 일이 있다.

그러면 왜 하는가? 한마디로 필요하고 가치가 있기 때문이다. 즉 중요하기 때문에 하는 것이다. 나는 이를 '중요도 동기significance motivation'라고 부른다. 앞에서 이야기한 5단계 동기다. 중요도 동기가 향상감처럼 외적 동기를 내적 동기로 전환시켜주는 디딤돌 역할을 해준다. 즉 순순히 하고 싶은 것은 아니지만 중요하다고 여기기 때문에 귀찮거나 어려움이 있더라도 기꺼이 할 수 있도록 이끌어준다.

스스로 공부하는 학생들이 꼭 공부가 즐거워서 공부하는 것일까? 아침마다 밖에 나가서 운동하는 사람들이 꼭 즐거워서 운동하는 것일까? 그렇다고 이들이 억지로 하거나 마지못해 하는 것은 아니다. 자발적으로 하고 기꺼이 한다. 의미가 있고 가치가 있기 때문이다. 내가 왜 이것을 해야 하는지 그 이유나 의미가 명확하면 우리는 그 일을 스스로 열심히 할 수 있게 된다.

사실 의미는 행복한 사람들이 찾는 것이 아니다. 행복한 사람들은 그냥 지금처럼 살아가면 된다. 의미는 불행과 고통으로 삶이 힘든 사람들이 찾는다. 우리는 고통과 불행 속에서도 그 의미를 찾으면 이를 이겨낼 수 있다. 정말 괴로운 것은 고통 자체라기보다 '의미 없는 고통'이다. 그러므로 의미는 고통에 대한 보상이다.

우리에게 종교가 필요하고 천국이 필요한 것은 삶이 고통스럽기 때문이다. 삶이 힘든 사람들이 '왜 사는가'를 고민하게 된다. 만일 누군가 가슴 뛰는 일을 하고 있다면 그 사람은 굳이 의미가 없어도 된다. 하고 싶은 것을 하고 살면 된다.

그러나 하고 싶은 것을 찾기 어렵거나 혹은 하고 싶은 것이 있지만 바로 할 수 없다면 결국 해야 하는 것을 할 수밖에 없다. 해야 하는 일이 단지 의무나 책임이 아니라 자신에게 어떤 의미가 있느냐에 따라 우리는 그 일을 대하는 태도가 달라질 수 있다. 의미를 찾으면 해야 하는 일은 중요한 일이 되고, 고통스러운 삶은 다시 생기를 띠게 된다.

윤석인 수녀는 초등학교 5학년 때 갑자기 목이 뻣뻣해지는 소아 류머티즘이라는 병을 앓았다. 병은 차도가 없었고 급기야 5년 만에 온몸의 뼈가 굳어버렸다. 한창 뛰어놀아야 할 나이에 평생 누워 지내야 하는 장애인이 된 것이다. 그녀는 수없이 '나는 왜 이런 몹쓸 병에 걸렸을까?'를 떠올렸다. 하지만 어떤 답도 찾을 수 없었다. 수시로 '왜 하필 나인가?'를 생각했다. 마땅한 답이 없었다. 아무리 많은 책을 읽어도 그 답답함은 풀리지 않았다. 죽음을 떠올릴 수밖에 없었다. 그러던 어느 날 《성경》을 보면서 자신의 병은 그 누구의 책임도 아니며 가장 약한 자신을 통해서 가장 깊은 사랑을 드러내기 위한 신의 뜻임을 느꼈다.

윤석인 수녀가 느낀 그 느낌과 의미는 이성적인 영역이 아니다. 스스로 느끼고 스스로 찾은 것이다. 그녀는 숱한 어려움 속에서도 최초로 장애인 수녀가 되었고, 장애인과 비장애인이 함께 생활하는 작은 예수 수녀회를 만들었다. 그리고 자신과 같은 중증 장애인을 위한 집 짓기 사업을 펼치고 있다.

너무 거창한 이야기일지 모르지만 삶에서 열정의 대상을 찾는 것만큼이나 의미와 가치를 찾고 부여하는 것이 중요하다. 내적 이유를 부여하기 때문이다. 그러므로 하고 싶은 일은 아니지만 자율적으로 그 일을 하려면 의미나 가치와 같은 '중요도'가 꼭 필요하다.

필요와 가치를 자신의 일과 연결시켜라

중요도 동기는 다시 2가지로 나눌 수 있다. 첫 번째는 '필요' 차원의 중요도다. 그 일이 하고 싶은 것은 아니지만 자신에게 꼭 필요하다고 생각하는 것이다.

예를 들어 디자인을 공부하고 싶은 학생이 있다고 하자. 이 학생은 실력 있는 디자이너가 되기 위해 유학을 가고 싶어 한다. 이를 위해서는 외국어가 꼭 필요하다. 비록 외국어를 잘하지 못하고 좋아하지도 않지만 디자인 공부를 하기 위해서는 꼭 필요하기 때문에 이 학생은 시키지 않아도 외국어 공부를 스스로 할 것이다. 중요도 동기가 있으면 설사 그 공부나 일을 잘하지 못해도 크게 부끄럽다고 생각하지 않고 오히려 실력을 늘려나가는 데 집중하게 된다. 그 자체가 목적이 아니라 자신이 원하는 것을 얻기 위한 수단이기 때문에 적극적으로 노력하게 된다. 하지만 남들도 다 하니까 나도 한다는 식이라면 자꾸 자신이 못한다는 것을 드러내지 않으려고 감추게 된다.

실제로 많은 학생들이 하기 싫은데도 공부를 하는 이유는 이 때문이다. 미래 자신이 하고 싶은 것을 할 좋은 기회를 얻기 위해서 투자하는 것이다. 공부 자체가 즐겁지는 않지만 공부가 꼭 필요하기 때문에 하는 것이다. 하지만 이 중요도 동기는 향상감이 느껴지지 않거나 필요성이 잘 느껴지지 않으면 금방 떨어진다. 목표나 방향이 흔들리면 동기도 같이 흔들릴 수밖에 없다.

두 번째는 '가치' 차원의 중요도다. 이를 위해서는 자신의 활동에 스스로가 중요하다고 느끼는 의미와 가치가 내포되어 있어야 한다.

아이 엄마인 미정 씨는 환경 보호에 관심이 많다. 처음부터 그랬던 것은 아니다. 큰아이가 아토피를 심하게 앓으면서부터 환경 문제에 눈을 뜨기 시작했다. 이전에는 뭔가를 만들어 쓰거나 재활용을 하는 것에 관심도 없었고 재주도 없었다. 그러나 지금은 친환경 비누와 세제를 직접 만들어서 쓰고, 둘째를 키우면서는 천 기저귀를 사용하고 있다. 사실 아직도 미정 씨는 그런 일이 즐겁다기보다는 귀찮을 때가 많다. 그러나 그녀가 꾸준히 그러한 활동을 하는 이유는 '환경을 보호하는 것'이 그녀에게는 무척 중요한 일이고 다음 세대에게 좀 더 좋은 환경을 물려주고 싶기 때문이다. 그래서 기꺼이 불편을 감수하고 친환경 활동을 하게 되었다. 자신이 환경을 위해 무언가 노력을 기울이고 있다는 것에서 보람과 의미를 느낀다. 요즘은 환경 단체에 가입하여 사람들과 함께 공부도 하고 친환경 비누와 세제를 넉넉하게 만들어서 주위 사람들에게 나눠주고 있다. 이제는 보람과 의미를 넘어 종종 즐거움을 느끼고 있다. 좋은 사람들과 좋은 일을 한다는 것 자체가 미정 씨에게 기쁨을 주고 있는 것이다.

사실 미정 씨는 수줍은 성격이라 남들 앞에서 자신의 이야기를 잘하지 않고 말수가 적은 편이다. 그런데도 환경 문제만큼은 다른 사람들 앞에 적극적으로 나서고 교류도 하는 것은 그 활동 안에 그녀가 중요하다고 생각하는 가치가 담겨 있기 때문이다.

예전에 내가 병원에서 근무할 때 일이다. 점심식사를 하기 위해 식당에 가면 늘 웃는 얼굴로 직원들을 맞이해주는 영양사가 있었다. 그뿐 아니었다. 종종 새로운 요리를 맛볼 수 있었고, 식당 벽면에는 늘 건강과 관련된 좋은 정보가 붙여져 있었다. 누가 보더라도 즐거운 마음으로 일을 하는 것이 느껴졌다. 난 그녀가 요리를 좋아하기 때문이라고 생각했다. 그러나 더 중요한 이유가 있었다. 그녀는 자신이 하는 일에 대한 의미를 다르게 생각하고 있었다. 자신의 일을 단순히 '식단을 짜고 단체 급식을 제공하는 것'이라고 생각하지 않았다. 그녀는 '환자들과 직원들의 건강을 돌보고 증진시키는 사람'이라고 자신의 역할을 생각하고 있었다. 그렇기 때문에 단순히 시키는 일만 하는 것이 아니라 건강에 도움이 되는 일이라면 기꺼이 했다.

기업도 마찬가지다. 구성원들의 내적 동기를 일으키고 자율성을 바란다면 지금 하는 일이 그 사람에게 어떤 의미가 있는지 필요와 가치를 일에 연결시키도록 도와야 한다.

1. 의미와 가치를 찾도록 돕는다

직원이 일에 의미와 가치를 연결할 수 있도록 도울 필요가 있다. 직원들이 자신의 일에 의미와 가치를 부여할 수 있다면 점점 일을 좋아하는 마음이 생긴다. 생각과 감정은 상호작용을 하기 때문에 우리는 의미 있고 가치 있는 일이라고 생각할수록 실제 그 일을 하면서 좋은 감정을 느낄 수 있다.

2. 기업의 핵심 가치를 내면화시킨다

기업의 핵심 가치가 구성원의 가치와 연결이 되면 구성원들은 자발적으로 일을 할 수 있다. 기업을 위하는 것이 자신을 위하는 것과 다르지 않기 때문이다. 이는 선포식을 하고 주입식 교육을 통해 얻어지는 것이 아니다. 핵심 가치에 따라 기업이 운영되어야 한다. 겉치레와 듣기 좋은 말로 꾸며진 거짓 가치가 아니라 진짜 핵심 가치라고 한다면 직원들에게 내면화될 수 있다. 특히, 자신이 하는 일이 단지 자신의 이익만이 아니라 회사나 지역 사회, 더 나아가 인류에 이바지하고 있다고 느낄 수 있다면 사람들은 더 자발적으로 일하게 된다.

이렇듯 회사는 구성원들에게 의미를 부여할 수 있도록 돕고, 가장 중요한 회사의 가치가 무엇인지 알려주고 내면화되도록 도와야 한다. 그럴 때 개인과 회사 모두 상생 관계에 놓이고 자발적으로 일하는 문화가 만들어질 수 있다.

어떤 목표가
열정을 만드는가

'어제보다 나은 오늘'이라는 성장의 관점에서 목표를 정하라.

우리는 반복하면 쉽게 지루해한다. 앞에서 설명한 것처럼 즐거움을 느끼는 도파민이 반복적인 활동에는 잘 분비되지 않고 새로운 자극을 줄 때 분비되기 때문이다. 특히 요즘 아이들처럼 수많은 자극에 노출되어 있는 경우에는 유난히 더 반복적인 활동에 흥미를 잃기 쉽다. 그러나 어떤 분야라고 하더라도 반복을 통해 실력을 쌓고 이를 통해 발전적 시도를 해나가는 것이 실력 향상과 전문성 발달의 공통점이다.

그렇다면 전문가들은 이 지루한 반복을 어떻게 견디는 것일까? 여러 가지 요소가 있겠지만 흥미로운 것은 실력이 늘면 반복적인 연습을 견딜 수 있는 능력도 커진다는 사실이다. 음악에서는 이를 '이삭 스턴 규칙'이라고 한다.

　바이올린 연주자인 이삭 스턴Issac Stern은 기법이 좋아질수록 반복 연주를 지루해하지 않고 오래할 수 있다고 말했다. 연습할 때마다 막혔던 대목이 '바로 이거야!' 하면서 확 뚫리는 순간이 찾아오기 때문에 반복 연습이라 하더라도 재미를 느낄 수 있다는 것이다. 즉 반복을 통해 어느 순간 실력이 향상된다는 느낌을 받을 때, 우리는 그 무엇과도 바꿀 수 없는 만족감을 느낀다. 일의 지루함이나 관계의 권태를 넘어서는 것도 마찬가지다. 반복된 일상은 우리를 권태롭게 한다. 권태와 지루함을 무작정 견디는 것은 힘든 일이다. 그렇다고 늘 일과 사람을 바꿔가며 '새로움'으로 해결할 수도 없다. 권태를 넘어서는 길은 '깊이'에 있다. 다른 곳으로 눈을 돌리는 것이 아니라 더 깊은 것을 추구할 때 우리는 또 다른 새로움과 즐거움을 느낀다. 주위의 풍경과 자신의 일을 더 자세히 보라. 당신에게 소중한 사람과의 관계를 더 깊이 들어가 보라. 지금까지 알지 못하고 느끼지 못했던 또 다른 경험이 기다리고 있을 것이다.

졌지만 이겼다

2010년 6월, 대한민국은 우루과이와 월드컵 16강전을 치렀다. 결과는 2대 1로 패해 8강 진출이 좌절되었다. 하지만 그 경기가 끝나고 한국 선수들을 비난하는 사람은 없었다. 오히려 '졌지만 이긴 경기'라고 평했다. 선수들은 모두 최선을 다했고, 내용 면에서도 앞섰기 때문에 단지 아쉬움이 남았을 뿐이다.

이렇듯 최선을 다하거나 혹은 내용이 좋다면 졌지만 이겼다고 느낄 수 있다. 일반인에 비해 운동선수들의 목표의식은 매우 높은 편이다. 그런데 선수들의 목표는 성격에 따라 경기력 목표와 순위 목표로 구분해볼 수 있다. 경기력 목표는 말 그대로 경기력을 향상시키는 목표이기 때문에 자신과의 경쟁이 중요하다. 예를 들어 마라톤 선수가 자신의 종전 기록을 앞당기거나 피겨 스케이트 선수가 난이도 높은 기술을 숙달하는 것은 경기력 목표라고 할 수 있다.

그에 비해 올림픽에 출전하겠다거나 메달을 따겠다고 하는 것은 순위 목표라고 할 수 있다. 상대적으로 경기력 목표는 허황된 경우가 아니라면 운동선수 개인의 노력만으로 달성할 수 있다. 하지만 순위 목표는 경기에 참여하는 다른 선수들을 반드시 이겨야 하기 때문에 꼭 목표를 이룰 수 있다고 장담하기 어렵다. 아무리 우수한 선수라도 어느 경기에서든 자신보다 더 잘하는 선수가 나올 수 있기 때문이다.

운동선수마다 두 목표 간 비중이 다를 수 있다. 어떤 선수들은 순위 목표에만 치중할 수 있다. 이들은 좌절에 대한 내성이 약하다. 순위가 떨어지거나 메달을 따지 못하면 자신의 목표는 완전히 좌절된 것이기 때문이다. 하지만 유능한 선수들은 두 목표 간 균형이 잘 잡혀 있다. 그래서 '지고도 이긴 경기'를 해낼 수 있다. 또 하나의 목표인 경기력 목표가 있기 때문에 비록 경기 결과는 졌지만 내용은 지난 경기보다 더 향상될 수 있는 것이다. 이들은 기본적으로 어제의 자신과 경쟁을 하기 때문에 필요 이상의 패배감에 허덕이지 않고 다시 일어서서 앞으로 나아갈 수 있다. 우수한 선수들을 보라. 이들은 하나같이 다른 선수들이 아닌 '어제의 자신'과 승부를 한다.

생각해보라. 경기를 하면서 선수들은 얼마나 많은 패배와 좌절을 경험하겠는가! 그러나 경기력 목표를 가진 이들은 당장 몇 등을 하느냐보다 실력을 계속 향상시키는 것이 궁극적인 목적이기 때문에 다시 일어날 힘을 얻는다. 경기력 목표를 가진 선수들은 그만큼 장기적인 목표의식을 가지고 좌절에도 굴하지 않고 잘 이겨낼 수 있다.

경기력 목표는 인간이 본디 유능함의 욕구를 가지고 있기 때문에 자연스럽게 지니게 된다. 우리는 자신의 능력을 더 발달시키고자 하는 자연스러운 욕구 때문에 목표와 계획을 세운다. 이는 후천적으로 학습된 욕구가 아니라 선천적으로 내재된 욕구다. 유능하고자 하는 욕구는 남보다 잘해야겠다는 '경쟁심'이 아니라 나무가 점점 자라나듯 본질적으로 우리가 가지고 있는 능력을 더 발달시키고자 하는 '향상심'이다.

아이였을 때를 생각해보자. 내겐 크고 작은 상처가 있는데 그 일부는 자전거를 타면서 얻은 상처다. 이 상처들은 자전거를 잘 못 탔을 때 생긴 것이 아니다. 물론 자전거를 배우기까지 여러 번 넘어졌지만 큰 상처가 남을 정도는 아니었다. 나는 자전거를 어느 정도 타게 되자 누가 시키지도 않는데 점점 난이도를 높여갔다. 한 손만 잡고 타기도 하고, 안장 위에 서서 타기도 하고, 나중에는 두 손을 놓고 타다가 크게 넘어지거나 부딪쳤다. 누구에게 보여주기 위한 것도 아니었다. 스스로 더 잘 타고 싶었을 뿐이다.

어디 자전거뿐이랴! 사람들은 누구나 자신의 능력을 더욱 발전시키고자 하고, 좀 더 난이도 있는 일에 도전하려는 욕구가 내재되어 있다. 성인도 마찬가지다. 우리는 점점 더 잘하고 싶은 향상의 욕구를 지니고 있다. 만일 이런 욕구가 잘 느껴지지 않는다면 이는 없는 것이 아니라 실패와 좌절 그리고 비난과 두려움 뒤에 숨겨져 있을 뿐이다.

내재된 유능함의 욕구를 잘 살리는 것이 자기 동기화에서 매우 중요하다. 이를 위해 우리는 목표에 대한 보다 깊은 이해가 필요하다. 운동선수들처럼 일반인의 목표도 2가지로 나눌 수 있다. '성과 목표performance goal'와 '숙달 목표mastery goal'다. 성과 목표란 자신의 '능력을 입증'하는 데 초점을 두지만 숙달 목표는 '능력을 향상'시키는 데 중점을 둔다. 숙달 목표를 가진 사람은 자신의 능력을 발달시키는 것이 중요한 관심이기 때문에 타인을 덜 신경 쓰고 능력을 발달시키는 데 집중한다. 스스로 지식과 기능을 학습하고 연마하며 더 오래 지속할 수 있다. 쉬운 과제보다는 의미 있는 일에 도전하고, 잘 하는 사람 앞에서 부끄러워하거나 질투를 하기보다는 기꺼이 배우려 한다. 숙달 목표를 가진 사람은 실수나 잘못에 대해서 당연히 거쳐야 할 학습의 일부분이라 생각하지만 성과 목표를 가진 사람에겐 자신의 능력 부족을 의미하기 때문에 불안을 유발한다. 성공에 대해서도 숙달 목표를 가진 사람은 결과뿐만 아니라 내용 면에서 향상되고 성장하는 것을 의미하지만 성과 목표를 가진 사람에겐 좋은 결과와 성적을 의미할 뿐이다. 그러므로 성과 목표를 가진 사람의 경우에는 극단적으로 좋은 결과를 위해 수단과 방법을 가리지 않을 수도 있다.

목표 설정이 열정의 차이를 만든다

'큰 목표를 가지고 살아라!', '네 인생이 발전하지 않는 이유는 목표가 없기 때문이야!' 사람들이 흔히 하는 이야기다. 그래서 우리는 목표를 세워야겠다고 생각한다. 그러나 목표의 중요성은 잘 알지만 어느 지점에 목표점을 찍어야 할지 잘 모른다.

인생에서 성공을 '경쟁에서의 승리'라는 관점에서 벗어나 '어제보다 나은 오늘'이라는 성장 관점에서 바라보면 꼭 큰 목표가 중요한 것은 아니다. 우리가 태생적으로 가지고 있는 유능함의 욕구에 기초한 성장의 목표에 맞추면 된다. 그러면 그것은 꾸준히 해나갈 수 있는 '내적 목표'가 된다.

그러나 우리가 추구하는 많은 목표는 본래적 욕구에서 벗어나 사회적 영향으로 '불안, 의무, 인정, 보상'에서 비롯된 경우가 많다. 뒤처지는 것 같아 불안하기 때문에, 해야 한다는 압박감 때문에, 타인의 인정을 통해 자신의 가치를 입증해 보이고자, 혹은 승진이나 물질적 보상을 염두에 두고 목표를 세우는 경우가 많다. 이러한 목표는 스스로 세웠다고 하더라도 '외적 목표'라고 할 수 있다. 자신의 뜻대로 되지 않는 상황에 맞닥뜨린다면 다시 일어서기가 어렵다.

초등학교 혹은 중학교까지는 공부를 잘하다가 고등학교에 올라가고 나서 성적이 떨어지는 아이들이 꽤 많다. 부모들은 도대체 왜 이런 일이 일어났는지 답답하고 궁금해서 속이 탄다. 스스로 공부하는 습관이 잘 형성되지 않았거나 암기식 학습법에 의존한 경우 등 여러 원인을 찾을 수 있겠지만, 스탠퍼드대학교 심리학과 교수 캐롤 드웩Carol Dweck은 '목표 설정의 차이'를 우선적으로 꼽는다.

공부를 통해 성취감을 느끼고자 하는 사람들은 크게 두 부류로 나눌 수 있다. 똑똑하게 보이려는 사람과 배우려는 사람이다. 자신이 얼마나 똑똑한지, 실력이 어느 정도인지를 증명해보이고자 공부하는 사람은 '평가 목표'를 지닌 사람이고, 새로운 것을 배우고 이를 더욱 익히고자 하는 사람은 앞에서 이야기한 숙달 목표와 같은 개념인 '학습 목표'를 지닌 사람이다.

드웩에 의하면 이들은 초기에는 별로 차이가 나지 않지만 전반적으로 공부의 난이도가 높아지게 되면 공부에 대한 태도가 달라진다고 한다. 즉 평가 목표가 중요한 사람들은 자신의 능력이 어떻게 평가받을지 걱정되어 자꾸 도전과 노력을 꺼리지만, 학습 목표가 중요한 사람은 새롭고 어려운 것에 흥미를 가지고 도전과 재도전을 거듭한다. 평가 목표를 가진 학생들은 '난 똑똑한 사람'이라는 정체성을 가지고 있는 경우가 많지만 학습 목표를 가진 학생들은 '난 배우는 사람'이라는 정체성을 가지고 있기 때문이다.[6]

그래서 평가 목표만 가지고 있는 학생들의 경우에는 잘 준비하다가도 결정적인 시험을 앞두고 노력을 하지 않거나 회피하는 경우가 있다. 스스로 믿고 있는 주관적 우월감이 객관적 평가를 통해 무너질지도 모른다는 위협감을 느끼기 때문에 의식적, 무의식적 자기 방어에 매달린다. 즉 좋은 평가를 받기 위해 노력하는 것이 아니라 안 좋은 결과에 대한 두려움 때문에 적당히 핑계 댈 구실을 찾는다. 정작 중요한 시험이 임박했는데도 친구들과 놀거나 이유도 없이 몸이 여기저기 아프다.

이를 심리학 용어로 '셀프 핸디캐핑self-handicapping'이라고 한다. 자신의 우월감을 보호하기 위하여 스스로 불리하게 만드는 것이다. 결과가 안 좋더라도 이는 자신이 못나거나 능력이 부족해서가 아니라 그럴 수밖에 없는 이유가 있다며 합리화시킬 수 있기 때문이다.

그러므로 우리는 학습 목표를 더욱 중요하게 여겨야 한다. 부모들은 자녀들이 평가 목표가 아닌 학습 목표를 더 중요하게 여기도록 세심하게 배려해야 한다. "너는 똑똑해. 잘할 수 있어", "사람들(우리들)이 너를 믿고 있어"라는 식의 평가 목표를 자극하게 되면 아이는 십중팔구 어려운 공부를 이겨내지 못한다. 그에 비해 "하면 할수록 나아질 거야", "지난번보다 이런 점이 더 좋아졌네", "잘 안 되는 것은 소질이 없어서가 아니야. 다른 방법으로 해보면 어떨까?" 하고 학습 목표를 중시하도록 대한다면 아이는 유능함의 욕구를 잃지 않는다.

물이 끓어 공중으로 흩어지는 증기는 아무 힘이 없다. 그러나 압력밥솥처럼 일정한 공간 안에 모여 있는 증기는 강력한 에너지를 뿜어낸다. 실린더에 갇힌 증기가 거대한 증기 기관차를 움직이는 것처럼 인생도 마음도 마찬가지다. 어떤 인생도 몰두하지 않으면 빛을 발할 수 없고, 어떤 마음도 집중하지 않으면 힘을 얻을 수 없다. 몰두하는 삶은 시간이 걸리더라도 빛을 발하게 되고, 마음도 어딘가에 집중하면 삶을 바꾸는 힘이 된다.

열정은 주어지는 것이 아니라 얼마든지 만들어갈 수 있다. 처음부터 폭발적인 에너지를 주는 일을 찾는 것은 어렵다. 방향을 잡고 목표를 정하면서 점점 에너지를 집중하면 우리는 그 안에서 얼마든지 열정을 느낄 수 있다.

목표를 정하라. 남보다 잘하겠다는 목표가 아니라 자신의 능력을 더 발휘하겠다는 목표를 정하라. 적은 에너지라도 뚜렷한 초점과 방향을 가지고 그것에 집중할 수 있다면 성과가 나오고 오래 지속할 수 있다. 그리고 그 목표를 통해 점점 더 향상된다고 느끼면 우리는 열정을 가지고 더 잘해나갈 수 있다.

나는 어떤 동기로 움직이는가?

Q 현재 이 일(혹은 공부나 활동)을 하는 이유는 무엇인가?

아래 문항을 읽고 다음 기준에 맞춰 1~4점까지 점수를 기록한다. 다만 주관적인 평가를 통해 동기의 정도를 이해하는 것이므로 그 결과가 정확하지 않을 수 있으니 참고한다.

전혀 아니다(1점), 대체로 아닌 편이다(2점),
대체로 그런 편이다(3점), 정말 그렇다(4점)

1. 내가 일을 하지 않으면 불이익을 당하기 때문이다. ☐
2. 나는 사람들로부터 싫은 소리를 들을까봐 일을 하는 편이다. ☐
3. 나는 급여를 받은 만큼 일을 한다. ☐
4. 그 일을 잘해서 승진을 하고 싶기 때문이다. ☐
5. 그 일이 나에게 주어졌기 때문에 난 열심히 해야 한다. ☐
6. 그 일을 잘하지 않으면 나 스스로가 용납이 되지 않기 때문이다. ☐

7. 그 일을 통해 사람들로부터 인정받고 싶다. ☐

8. 그 일을 잘할수록 나는 가치 있는 사람이 된다. ☐

9. 그 일을 하는 것은 나의 장래에 중요하기 때문이다. ☐

10. 그 일을 보다 잘 이해하고 싶고, 그 일을 통해 실력을
    향상시키는 것이 중요하다. ☐

11. 그 일을 하면 종종 시간 가는 줄 모르고 빠져들 때가 있다. ☐

12. 그 일은 종종 그 자체로 즐거움을 준다. ☐

〈평가〉 두 문항씩 점수를 더해 막대그래프로 만들어보자. 1~2번은 회피 동기, 3~4번은 물질적 보상 동기, 5~6번은 당위 동기, 7~8번은 정신적 보상 동기, 9~10번은 중요도 동기, 11~12번은 내적 동기의 점수다.

그래프의 모양을 보고 지금 하고 있는 일에 대한 동기 상태와 자기결정성 정도를 생각해볼 수 있다. 주관적인 자기 보고를 통한 결과이므로 반드시 일치하는 것은 아니지만, 우측의 점수가 높을수록 자기결정성 정도가 높기 때문에 자기 동기화되어 있다고 볼 수 있다.

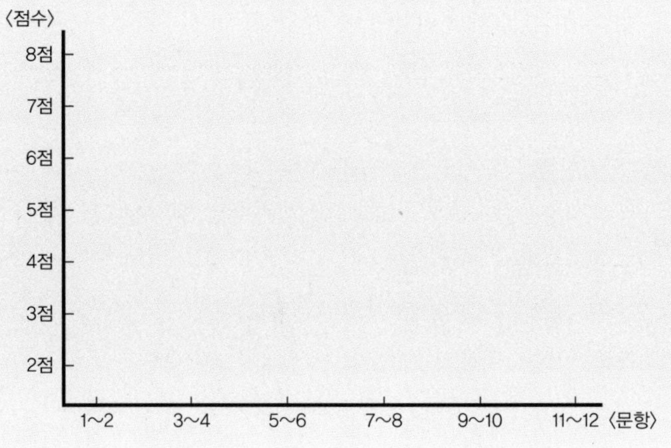

결심을 성취로 이끄는 힘

원하는 삶으로 바꾸는 자기조절력

당신이 어려운 과제를 맡게 된다면,
한방에 그 과제를 정복해버리려고 달려들지 마라.
당신의 과거 실력보다 이번에 좀 더 잘 싸우게 된다면
그걸로 만족해라.
의지력을 키우고 하루하루 조금씩이라도 발전한다면
시간은 당신 편이다.

-앨런 라킨Alan Lakein

내 마음인데
왜 마음대로 안 될까

충동 조절이 잘 안 돼 우리가 겪는 어려움은 한두 가지가 아니다. 월급날이 아직 많이 남았는데도 통장에 잔고가 없을 수도 있고, 할 일이 너무 많은데도 시간 가는 줄 모르고 TV를 보거나 게임에 빠져 있을 수도 있고, 뒤돌아 후회할 줄 알면서도 참지 못하고 상대방에게 싫은 소리를 내뱉기도 한다. 그리고 '아! 내가 그때 왜 그랬을까?' 하고 뒤늦은 후회와 자책을 한다.

인생을 살아가면서 우리의 주의를 빼앗고 할 일을 방해하는 걸림돌이나 유혹은 너무 많다. 한 조사에 의하면 현대인들은 하루에 4시간가량을 욕망이나 충동과 싸우는 데 보낸다고 한다.[1] 문제는 갈수록 유혹과 충동은 늘어나는데 우리의 조절 능력은 점점 더 약화되어 많은 정신적 문제를 낳고 있다. 그러므로 현대인들에게, 특히 자율적으로 살아가려는 사람들에게 이러한 자기조절력을 갖추는 것은 꼭 필요하다. 자기조절력에는 여러 가지 요소가 관여되어 있지만 크게 의지력과 자기 관찰 능력이 중요하다.

자기조절력 = 의지력 + 자기 관찰 능력

의지력이 중요한 이유

사실 의지력은 신비한 정신적 힘처럼 여겨지지만 실제로는 뇌의 한 기능이다. '자기 통제'라고도 하는데 말 그대로 자신의 감정, 생각, 행동을 제어하는 것을 가리킨다. 의지라는 말은 다른 동물에게는 쓰지 않고 인간에게만 쓰는 단어다. 인간은 고도의 사회적 존재로 진화하면서 서로 협력하고 장기적인 관계를 유지해야 할 필요성이 대두되었다. 본능과 충동대로 행동하면 관계와 사회의 존립 자체가 위협받기 때문이다. 그래서 욕구와 충동을 조절할 수 있는 뇌의 영역이 발달하게 되었는데, 그 부분이 바로 전전두엽이다. 이 부위가 통제와 계획 기능을 담당하여 인간을 보다 인간답게 만들어준다.

그러므로 인간은 스트레스에 대해 동물처럼 반응할 수 있지만 또 한편 동물과 다르게 반응할 수 있다. 쉽게 말해 인간에게는 2가지 위기 관리 시스템이 존재한다. 첫 번째는 '투쟁-도피 반응fight-flight response'이다. 이는 외부의 위험 상황에서 에너지를 집중시켜 목숨을 구하려는 본능적인 위기 관리 능력을 의미하며 인간뿐 아니라 다른 동물들도 가지고 있다.

투쟁-도피 반응은 변연계에서 일어나며 어떻게든 위험으로부터 도망치거나 싸우기 위해서 우리를 빨리 행동하도록 만든다. 이를 위해 뇌로 가는 혈류량이 줄어들고 근육으로 집중되며 심박수와 호흡은 증가된다. 그리고 충동 조절을 담당하는 전전두엽 피질 반응이 억제된다. 이는 고대에 생존을 위해 가장 중요한 시스템이었다.

두 번째는 '멈춤-계획 반응'이다. 이는 내부의 충동과 갈등을 행동화하는 대신 장기적인 목표나 이득을 위해 충동을 진정시키는 반대의 작용을 한다. 경우에 따라서는 외부의 위협에 대해서도 본능적인 투쟁-도피 반응에서 벗어나 행동할 수 있게 한다. 분노가 폭발할 수 있는 상황에서도 일단 즉각적인 대응을 멈추고 테이블에 앉아 대화를 하거나 협상을 할 수도 있다.[2]

우리는 일종의 자기 감시 시스템이라 할 수 있는 이것을 가리켜 '의지력'이라 한다. 이는 전전두엽에서 주로 담당하여 변연계를 억제한다. 이 시스템이 작동하면 혈액과 에너지는 몸에서 뇌로 이동하고 심박수가 낮아지고 숨을 깊이 들이쉬게 된다. 이는 신체를 평온한 상태로 유도하는 것이지 활기 없게 만드는 것은 아니다. 이러한 의지력이 제대로 발달하지 않으면 삶은 본능과 감정과 충동에 의해 끌려다닐 수밖에 없다.

미국 듀크대학교 정신의학연구소 테리 모핏Terrie E. Moffitt 박사가 이끄는 공동연구팀은 1972~1973년도에 태어난 1,000명의 뉴질랜드 사람들을 대상으로 3세 때 행동을 관찰한 후 30대까지 13번의 인터뷰를 진행했다. 그 결과, 3세 때 자기조절력의 점수가 낮은 그룹은 성인이 되었을 때 고혈압, 비만 등의 위험이 높았고 그 외에도 약물 중독, 재정 문제, 이혼, 범죄율 등 삶의 여러 측면에서 많은 문제점을 드러냈다고 밝혔다. 실제 많은 학자들이 학교 생활을 잘할 수 있는지를 예측하는 기준으로 사회 계층이나 지능 지수가 아닌 자기조절력을 꼽는다. 즉 자녀의 학업 성취도를 예측하려면 지능 지수보다 자기조절력을 주목해야 한다는 것이다.[3]

성인의 경우도 마찬가지다. 대학생의 성적과 36개의 개인적 성격 특성을 비교 분석한 심리학자들에 의하면 성적을 예상할 수 있는 유일한 성격 특성이 바로 '자기 조절'이라는 것을 밝혀내기도 했다.[4] 즉 자기조절력은 삶의 성장과 자율을 위해서 없어서는 안 될 전제 조건이자 가장 중요한 요소인 셈이다.

자기 관찰의 힘

이 장에서는 자기 통제라는 표현보다 자기 조절이라는 표현을 쓰고 있다. 물론 큰 범주에서 보면 별 차이가 없는 말이다. 그러나 엄밀한 의미에서 '자기 통제'란 앞에서 이야기한 것처럼 외부적 규율이 자신의 가치와 통합된 내면화라기보다 내사나 동일시에 가깝다. 즉 혼나지 않기 위해서 해야 한다고 느끼거나 해야 하니까 하는 것으로 강박적이고 경직되어 있다.

그에 비해 '자기 조절'은 자신에게 더 중요한 가치나 욕구를 위해 지금의 다른 욕구를 의식적으로 포기할 수 있는 상태다. 그러므로 내면화된 자기 규율이 있을 때 자기 조절이라 할 수 있다. 이러한 자기 조절이 가능한 것은 자기 관찰을 통해서다. 자신에게 무엇이 중요한지를 살피고 자신이 어떻게 살아야 하는지를 알고 있을 때 자발적인 내부 규율이 세워질 수 있기 때문이다.

그림을 그릴 때를 생각해보자. 우리가 그림을 그릴 때 계속 그림만 그리지 않는다. 중간에 멈추고 뒤로 물러서서 그림이 어떻게 되어 가는지 살펴본다. 만일 이 과정이 없다면 전체적인 맥락을 놓치고 지엽적인 문제에 빠져버리기 쉽다.

삶도 마찬가지다. 진정한 자기 조절을 위해서는 삶 전체에 대한 조율이 필요하다. 삶에는 자기 규율보다 더 중요한 뭔가가 있기 때문이다. 나에게 중요한 것이 무엇이고 내가 잘 살아가고 있는지를 살펴볼 필요가 있다. 목표를 향해 나아가는 것도 마찬가지다. 성취를 위해 노력하는 동안 한 걸음 물러서서 점검하고 평가할 시간이 필요하다. 목표한 방향으로 잘 가고 있는지를 살피고 잘못 가고 있다면 왜 그렇게 되었는지 평가해야 한다.

자기 관찰이란 자신의 생각, 감정, 행위, 방향 등을 보다 상위의 관점에서 지켜볼 수 있는 능력이다. '내 안에서 일어나는 것, 내가 하는 것이 무엇인지를 나 스스로 아는 것'을 말한다. 그렇기 때문에 자기 조절은 무조건 참고 견디는 자기 통제보다 상위 개념이다. 잘 조절이 안 될 때조차 그냥 끌려가는 것이 아니라 왜 잘 안 되는지를 들여다볼 수 있는 마음의 힘을 의미한다.

주위를 보면 다른 사람들과 분명 같은 시간을 들여 노력하는데도 실력이 더 뛰어난 사람들이 있다. 이들은 '자기 관찰 능력'이 뛰어나다. 사실상 외부 관찰자처럼 자신의 마음과 행위를 예의주시하고 스스로에게 질문을 던지며 노력을 한다. '내가 지금 뭔가 놓치고 있는 것은 없는가?', '내가 감정적으로 대처하는 것은 아닐까?', '이 상황에서 어떤 전략과 방법이 필요한가?', '이를 위해 어디에 치중하면 좋을까?' 등 다른 사람들에 비해 자기 관찰 능력을 더 잘 활용하고 자신을 객관화시킨다. 즉 어떤 일을 하는 동시에 그 일을 하는 자신을 살핀다.

왜 작심삼일이
반복되는가

우리의 뇌는 즉각적인 만족을 추구하는 경향이 있다.

새는 좌우의 균형을 잡아 두 날개로 난다. 마찬가지로 사람도 꾸준히 뭔가를 지속하려면 두 날개가 필요하다. 첫 번째 날개는 '의지력'이다. 이는 해야 하는 일을 하거나 하지 말아야 할 것을 하지 않는 힘을 준다. 두 번째 날개는 '열정'이다. 이는 하고 싶은 것을 하고, 하는 일을 더 잘하고 싶게 만드는 에너지다.

두 자원은 성질이 다르다. 의지력이라는 날개는 기본적으로 자기 조절에 기반을 두고 있으며 쓸수록 소진되는 유한 자원이다. 멋모르고 썼다가는 바닥나기 쉽다. 그렇기 때문에 우리는 뭔가를 하기로 했다가 잘 지키지 못하는 상황에 흔히 부딪히고 만다. 흔히 말해 작심삼일 현상이 벌어지는 것이다.

연봉 전문 사이트인 오픈샐러리와 리서치 기관인 엠브레인이 합동으로 운동, 금연, 다이어트와 같은 구체적인 새해 계획을 세운 1,300여 명의 직장인을 대상으로 얼마나 계획이 지켰는지를 물었다. 그 결과 10일 후 포기한 사람이 17.1퍼센트로 가장 많았고 이어 15일이 12.7퍼센트, 5일이 11.5퍼센트, 7일이 11.3퍼센트, 1일이 9.3퍼센트 순이었다. 평균 11.1일이 지속된 셈이다.[5]

다시 시도해도 괜찮다

우리는 계획을 세우고 결심을 할 때 분명 그 정도는 해낼 수 있을 것이라고 생각한다. 하지만 며칠 지나고 나면 그 결심의 끈이 풀리기라도 한 것처럼 점점 느슨해진다. 그러나 그것은 우리의 뇌가 가지고 있는 특성이다. 결심이 오래가지 못하는 이유는 대부분의 결심에 따른 보상이 즉각 주어지지 않고 시간이 지나야 얻어지기 때문이다. 그에 반해 결심에 따른 불편함은 즉각적으로 주어진다. 즉 금주, 다이어트, 저축, 공부 등과 같은 결심이 의미 있는 결과를 낳기까지는 꽤 많은 시간을 필요로 하지만 그 과정에서 참고 견뎌야 하는 불편은 즉각 스트레스를 주기 때문이다.

아무리 좋은 행동이어도 무의식적인 습관이 되기까지는 갈 길이 멀다. 좋은 행동이라 해도 초기에는 코르티솔과 아드레날린 같은 스트레스 호르몬이 방출되며, 부정적 습관을 중단한 경우라면 금단 증상까지 나타나 더욱 몸과 마음이 불안정해질 수 있다. 하지만 애초에 줄이거나 벗어나려고 했던 알코올, 쇼핑, 음식, TV 시청 등은 즉각적인 만족을 주기 때문에 자꾸 하고 싶어질 수밖에 없다. 뇌 자체가 즉각적인 만족을 추구하는 성향이 있기 때문이다.

몇 주 간 음식을 잘 조절했다가 어느 날 피자 한 조각을 먹고 난 뒤로 남은 피자는 물론 다른 음식까지 몽땅 먹어버리거나, 금연을 유지하다가 술자리에서 '딱 한 대만!'을 외치고 집어든 담배 한 가치로 인해 다시 골초가 되기도 한다.

우리는 무엇을 안 한다고 하거나 뭔가를 하겠다고 한 약속을 지키지 못했을 때 '에라, 모르겠다', '될 대로 되라!', '내가 그럴 줄 알았지'라며 통제의 끈을 놓아버린다. 이는 '전부 아니면 전무'의 태도로 인한 결과다. 이러한 사람들의 마음에는 '잘하거나' 아니면 '아예 하지 않거나' 둘 중 하나밖에 없다. 계획이나 결심을 지켜야 한다는 기준이 강하지만 그에 맞는 실천력을 가지지 못했을 때 흔히 보이는 현상이다.

전부 아니면 전무라는 태도를 고치지 않으면 자기조절력은 결코 향상되지 않는다. 자기조절력 향상을 위해 가장 중요한 점은 '실수에 대한 인정'과 '재시도 능력의 향상'에 있다. 자신의 결심과 계획을 실천해나가는 데 있어 시간이 지나면 지날수록 결심이 약해진다는 것을 미리 생각해야 한다. 그리고 규칙을 어기게 되더라도 이를 실패로 규정짓는 것이 아니라 '재시도의 기회'로 인정하고 다시 시작하겠다는 다짐이 선행되어야 한다.

우리가 완전한 계획을 세우는 것은 우리 자신이 불완전한 인간임을 늘 쉽게 잊어버리기 때문이다. 우리가 불완전한 인간임을 자각하고 있다면 작은 실수에 자신을 공격하며 지금까지 해온 것을 몽땅 부정하는 어리석은 짓은 하지 않을 것이다. 결심을 지키지 못하는 순간은 늘 오기 마련이다.

그것은 자제력이 없어서가 아니다. 수십 년 동안 변화를 연구해온 로드아일랜드대학교의 심리학과 교수 제임스 프로차스카James Prochaska 등에 의하면 그러한 실수 혹은 일시적 퇴보야말로 변화의 일부라고 말한다. 변화란 한 번도 실수하지 않고 계속해서 나아가는 것이 아니라 위기도 찾아오고 실수도 하지만 다시 일어서서 앞으로 나아가는 것이다. 당신이 생각하는 '중단 없는 전진' 혹은 '후퇴 없는 변화'는 현실에 존재하지 않는다.

의지력은 유한한 자원이다

인간은 본디 양면적인 존재다. 신과 동물의 중간이라고나 할까. 그렇기 때문에 충동에 따라 행동하고 즉각적인 만족을 추구하는 자아와 장기적인 이익을 위해 만족을 미루고 충동을 통제하는 또 하나의 자아가 함께 존재한다. 전자를 '아이 자아'라고 한다면 후자는 '어른 자아'라고 할 수 있다. 즉각적인 만족을 추구하는 자아와 더 큰 만족을 위해 즉각적인 만족을 지연시킬 줄 아는 자아가 우리 안에 있는 것이다. 그렇기 때문에 몇 백 원을 아끼기 위해 가격 비교 사이트를 넘나드는 모습과 충동적으로 명품을 사는 모습이 공존하는 것은 하나도 이상할 것이 없다. 늘 두 자아의 줄다리기가 끊임없이 일어나기 때문이다.

그중에서도 만족을 미루고 장기적인 이익을 생각하는 자기 조절의 기능은 뇌의 전전두엽에서 담당한다. 이 부위는 인간의 진화 과정에서 계속 발달하고 있는 영역이다. 사회가 복잡하고 통제해야 할 것이 점점 더 많아지면서 무엇에 주의를 기울이고, 계획을 세우고, 행동하는 전전두엽의 기능이 중요해졌다. 이 영역의 발달로 인해 우리는 다른 동물과 달리 목표를 세워 공부를 할 수도 있고, 충동적으로 물건을 사려다가도 통장 잔고를 생각하고 다시 내려놓을 수도 있다.

그런데 전전두엽은 인간의 대뇌 발달 중에서 가장 마지막으로 완성되는 부분이다. 사춘기가 끝나고 18~20세가 되어서야 발달이 끝난다. 그러므로 몸이 다 컸다고 해서 어른의 정신을 기대해서는 안 된다. 부모들이야 당연히 자기 절제가 잘 될 수 있지만 사춘기 아이들은 절제를 위한 내적 장치의 발달이 아직 미숙하기 때문이다.

우리 주위에는 사춘기 아이들이 아니더라도 자기 조절이 되지 않아 곤란을 겪는 사람들이 많다. 먼저 조절력을 관장하는 전전두엽 피질에 손상이 가해지면 당연히 자기 관리가 안 된다. 그런데 꼭 물리적인 손상이 생겼을 때만 전전두엽 피질의 기능이 저하되는 것은 아니다. 술에 취하거나, 잠이 부족하거나, 배가 고프거나, 과도한 스트레스를 받게 되면 전전두엽 피질의 기능이 억제되어 충동 조절이 어려워진다.

또 자기 조절이 잘 안 되는 중요한 이유는 의지력의 고갈이다. 다시 강조하지만 의지력은 무한 자원이 아니라 유한 자원이다. 이는 자동차의 연료와 비슷하다. 지나치게 다이어트를 하고 난 후에 정상적인 식사로 이어지는가? 그렇지 않다. 다이어트에 많은 의지력을 소모했기 때문에 그 이후에는 의지력 상실로 폭식이 나타날 수 있다. 시험을 위해 벼락치기를 하고 나면 그다음에는 조금씩이라도 공부하는가? 그렇지 않다. 의지력이 고갈되면 결국 자기 조절이 안 된다.

그러므로 실천을 할 때는 절대 무리한 계획을 세워서는 안 되고 의지력 고갈에 주의하며 단계적으로 나아가야 한다. 특히 현대인들은 환경과 관계의 영향을 받는다. 세상을 보라. 얼마나 우리를 유혹하는 것들이 많은가! 매일매일 너무나 자극적이고 새로운 것들이 넘쳐난다. 어디를 가나 만날 수 있는 광고는 우리의 결핍감을 자극하고 충동을 불 지른다. 전혀 필요하지 않은 것조차 금방 필요한 것으로 착각하게 만들어버린다. 그래서 더 이성적인 판단과 의지력이 필요하다.

의지력을 잘 유지하기 위해서 먼저 자기 조절의 에너지를 살펴볼 필요가 있다. 자동차에는 주유계가 있어 기름이 얼마 남았는지 알기 때문에 결코 기름이 없는 차를 운전하는 사람은 없다. 그런데 의지력은 유한 자원임에도 얼마나 남았는지 잘 모른다.

그러나 자세히 관찰해보면 사실 경고 증상이 있다. 40대 이후 돌연사가 많다고 하지만 사실 엄밀한 의미에서의 돌연사는 생각처럼 많지 않다. 그 전에 지나친 피로감과 같은 경고 증상 등이 있기 마련이다. 그런데 '괜찮겠지'라거나 '나만 힘든 건 아니잖아. 남들도 이 정도는 힘들지 않을까?'라며 애써 그 경고를 무시했기 때문에 스스로 병을 키워 갑자기 큰 병이 나거나 돌연사가 발생한다.

의지력도 마찬가지다. 가만히 관찰하면 스스로 무리라는 것이 느껴지는 신호가 있는데 사람들은 이를 참는 것으로 해결하려다가 의지력 고갈에 부딪힌다. 이는 흔히 사람들이 의지력을 '결심'만으로 향상시킬 수 있다고 착각하기 때문이다. 자신이 더 큰 결심을 하면 의지력도 그만큼 향상되기 때문에 계속 발휘될 수 있다고 착각한다. 그러나 결코 그런 일은 벌어지지 않는다. 근력을 강화시키기로 결심했다고 해서 그 순간 근력이 강화되지 않는 것처럼 의지력도 마찬가지다.

대학교 때 다리를 다쳐 2개월 정도 병상에 누워서 지낸 적이 있었는데 걸을 수 없어서 너무 답답했다. 시간이 지나 걸어도 된다는 말을 듣자마자 너무 기뻐 침상에서 내려와 첫발을 내딛었다. 그런데 그만 휘청거리다가 그대로 쓰러지고 말았다. 다리의 근육이 위축되어 전혀 힘을 쓸 수가 없었다.

그러면 나는 이제 걸을 수 없는 것일까? 아니다. 욕심을 부리지 말고 다른 사람이나 기구의 도움을 받아 천천히 걷는 연습부터 하면 된다. 처음에는 답답하겠지만 어느 정도 연습하면 다시 걷는 데 문제가 없다. 근력은 가만히 있는 것이 아니라 쓰면 쓸수록 강해지고, 안 쓰면 안 쓸수록 약해진다. 이는 신체에만 해당되는 것이 아니라 정신에도 똑같이 해당된다. 우리의 정신적 능력도 쓰면 쓸수록 좋아지지만 안 쓰면 안 쓸수록 퇴화된다. 의지력도 마찬가지다.

충동과 감정을
조절하는 4단계

뉴욕 주립대학교와 피츠버그대학교의 중독 문제 연구진들은 처음 의도한 것보다 더 많은 술을 마실 경우 중독 성향이 있는 사람들에게 어떤 변화가 일어나는지를 관찰했다. 먼저 자신이 조절할 수 있는 음주량을 정하도록 하고 그 기준을 넘어섰을 때 반응을 살펴보았다. 상식적이지만 술을 많이 마신 사람들은 그다음 날 두통, 구역질, 피로감 등으로 기분이 좋지 않았다. 하지만 이들의 불행은 숙취로 끝나지 않았다. 전날 과음한 것 때문에 기분 나빠하는 사람일수록 그날 저녁이나 다음 날 저녁에 술을 더 많이 마시는 일이 벌어졌다. 자신에 대한 실망감과 죄책감이 과음으로 이어지는 것이다.

실수한 자신을 용서하라

루이지애나 주립대학교 클레어 애덤스Claire Adams와 듀크대학교의 마크 리어리Mark Leary는 이러한 악순환을 깨뜨리기 위해 다양한 실험을 했는데, 실수한 자신을 자책하기보다는 용서하는 것이 의지력 회복에 도움이 된다는 것을 밝혀냈다.

체중 조절을 하는 84명의 젊은 여성들을 대상으로 '음식이 기분에 미치는 영향'을 연구하기 위해서라고 실험 내용을 설명하고 먼저 도넛을 배불리 먹게끔 했다. 그리고 절반에게는 누구나 가끔씩 유혹에 넘어가기 쉬우니 너무 자책하지 말라고 했고, 나머지 절반에게는 아무런 메시지도 주지 않았다. 이어 사탕에 대한 미각 실험을 한다고 설명하고 마음대로 먹을 수 있도록 사탕 세 접시를 건네주었다. 그 결과 자신을 용서하라는 메시지를 받은 사람들은 사탕 28그램을 먹었지만, 아무런 메시지도 전달받지 않은 사람들은 70그램 가까이 먹었다.[6]

우리는 흔히 죄책감이 실수를 바로잡을 수 있는 에너지로 이어진다고 생각하기 쉽지만 자기조절력이 약한 사람들에게 죄책감은 악순환에 빠지는 계기가 된다. 기분이 더 나빠져서 더 큰 유혹에 굴복하게 될 뿐이다.

우리는 자신의 실수에 대해 엄격해야 한다는 말을 너무 당연하게 여긴다. 남들의 실수에는 '그럴 수도 있어'라고 이야기하면서 자신의 실수에 대해서는 무척 엄격한 잣대를 들이댄다. 실수에 대해 엄격해야 발전이 있고, 실수를 용서하면 심각한 방종으로 이어지기 쉽다고 생각한다.

하지만 책임감과 자기조절력을 키우고 의지력 회복을 돕는 것은 죄의식이 아니라 연민과 용서다. 처음부터 실수도 변화의 과정이고, 한 번도 안 넘어지는 것보다 넘어져도 다시 일어나는 것을 목표로 한다면 우리는 불필요한 죄의식에 시달리면서 도망칠 필요가 없다. 오히려 왜 잘 되지 않았는지 그 원인과 과정을 좀 더 잘 돌아볼 수 있게 된다. 그에 비해 죄의식은 자기 혐오로 이어지고 이는 스스로를 '가능성 없는 패배자'로 몰아가기 쉽다.

그러므로 우리는 뭔가를 결심할 때 자신에게 이렇게 말하는 것이 필요하다. '나는 ~할 것을 기꺼이 선택한다. 하지만 그 과정에서 ~하지 않을 수 있다. 그렇다고 내가 그것을 못하는 것은 아니다. 나는 내 뜻대로 되지 않았을 때 나를 몰아세우기보다 다시 나아갈 수 있도록 돕고 격려할 것이다.'

뜻대로 되지 않는 것이 계획이고 인생이다. 인간의 발전이란 그 누구라도 실수를 거치면서 이루어지는 시행착오의 과정이다. 당신이 정말 자기조절력을 원한다면 우리는 스스로를 용서하는 법을 배워야 한다. 친한 친구가 잘 되기를 바라고 그에게 용기를 주듯이 실수 앞에 낙심하고 있는 자신에게도 그렇게 좋은 친구처럼 대하면 당신의 자기 조절력은 분명 다른 차원으로 진화해갈 것이다.

통제자가 되지 말고 관찰자가 되라

자기 조절이 잘 되지 않아 상담실을 찾아오는 사람들이 있다. 예를 들어, 폭식이나 분노 조절의 어려움, 게으름 등의 문제를 꼽을 수 있다. 이들은 하나같이 문제 행동을 통제하려고 하다가 잘 안 된 사람들이다.

이들에게는 '관찰'의 힘이 필요하다. 처음에 오면 자신의 문제 행동을 관찰하고 기록하게 한다. 식사 습관 일지나 분노 관찰 일지를 쓰게 한다. 자신이 언제 어떤 상황에서 무엇을 얼마만큼 먹었는지 기록하고, 자신이 언제 어떤 상황에서 어떻게 판단을 하고 얼마만큼 화가 났고 어떻게 표현했는지를 기록하게 하는 것이다.

2주 정도 이렇게 자신의 문제 행동을 관찰하기만 해도 증상은 개선된다. 관찰 자체가 자기 조절의 중추인 전전두엽을 활성화시키기 때문이다. 상담에서 변화가 일어나는 과정도 마찬가지다. 여러 가지 요소가 있지만 그중에서 자신의 마음과 행동을 알아차리는 '관찰 자아 observing ego'가 커지기 때문에 변화가 일어난다. 즉 예전에는 습관적으로 생각하고 판단하고 기대하고 반응했다면 상담을 통해 자신의 생각과 판단과 기대와 반응을 관찰해봄으로써 제어할 수 있는 힘을 갖게 되는 것이다.

그리고 스스로에게 질문을 던진다. '내가 왜 이렇게 생각하고 판단하고 기대하고 반응할까?' 그 과정에서 관찰의 깊이가 커지면 점점 새로운 생각과 판단과 기대와 행동이 나타나게 된다. 즉 깊이 알고 제대로 알면 아는 것과 행하는 것은 보다 가까워지는 법이다.

영어에는 '본다'는 것과 관련하여 see, look, watch, observe 등 여러 단어가 있다. 관찰의 의미를 이해하기 위해 이 단어들의 의미를 좀 더 구분해보자. 우선 see는 그냥 눈에 뭔가 들어올 때 쓰는 수동적 표현이다. 그에 비해 look, watch는 주의를 기울이고 초점을 맞춰 바라보는 것이다. 그렇다면 관찰을 뜻하는 observe는 무엇을 말할까? 적극적인 의도를 가지고 사물이나 현상이 어떻게 생겨나고 왜 일어나는지를 깊이 있게 오랫동안 들여다보는 것을 의미한다.

시계를 본다고 해보자. see는 시야에 그냥 시계가 들어와 있는 상황이다. 특별히 시계에 주의를 기울이는 것은 아니다. 그에 비해 look이나 watch는 시계의 모양을 보거나 시간을 보기 위해서 시계를 보는 것이다. observe는 더 나아간다. 시계가 어떤 재질로 되어 있는지, 어느 회사 제품인지, 바늘의 모양이나 디테일한 부분을 신경 쓸 수도 있다. 더 나아가면 작동 원리를 생각해볼 수도 있다. 그것이 관찰이다.

조기조절력을 키우려면 안과 밖을 살필 수 있는 관찰의 힘을 키워야 한다. 자기를 일방적으로 통제하려고 하는 데서 벗어나 관찰자가 되는 것이다. 이를 위해서는 거리가 필요하다. 그림이 잘 그려지고 있는지 잠시 붓을 놓고 화폭 전체를 살펴보는 것처럼, 한 걸음 뒤로 물러나 자신을 들여다보고 살펴보자. 즉 내 마음 안에서 무엇이 일어나고 있고, 내가 어떻게 행동하고 있으며, 왜 이렇게 반응하는지를 스스로 알아차릴수록 자기조절력은 커진다.

자기조절력 향상을 위한 4단계 과정

충동과 감정을 조절하는 과정은 다음의 4단계로 이루어진다.

1단계 문제에 대한 지각

어떤 문제가 발생한 후 스스로에게 문제가 있다고 인정하는 것이다. 만일 아이를 놀라게 할 정도로 화를 내고 있다면 이를 아이의 문제 행동 때문이라고 합리화했던 태도에서 벗어나 자신의 반응에 잘못이 있다는 것을 인정하는 것이다. 모든 변화는 자신의 문제에 대한 자각에서 출발한다.

2단계 습관적 반응 후 알아차림

잘못을 인정하면 그다음 우리는 다르게 반응하도록 마음을 다진다. 이제 '아이에게 소리를 지르지 말고 잘 타일러야지'라고 결심을 한다. 하지만 습관화된 문제들은 이렇게 지각하고 있더라도 쉽게 달라지지 않는다. 습관이란 어떤 상황에서 자동적이고 반사적으로 나타나는 반응이기 때문이다.

그러나 많은 사람들은 결심하는 순간 착각에 빠진다. 마치 자신이 중력의 법칙을 거스를 수 있는 것처럼 결심만 하면 습관적인 반응도 즉각적으로 교정할 수 있다고 착각한다. 그러나 그런 일은 절대 벌어지지 않는다. 물이 낮은 곳에서 높은 곳으로 흘러가지 않는 것처럼.

그렇기 때문에 2단계는 습관적인 반응을 보인 후 알아차리는 단계다. '아휴! 내가 또 소리를 질렀네' 하고 알아차리고 후회하는 것이다. 이때 어떤 사람들은 지나친 자책에 빠져 다시 원상태로 되돌아가버린다. 그리고 다시 자신의 문제를 자각하기보다는 합리화를 하거나 체념에 빠진다. '쟤는 왜 나를 이렇게 힘들게 할까? 애가 달라지지 않으면 안 돼!', '난 원래 다혈질이라서 그래. 화내는 것은 어쩔 수 없어'라고 생각하며 문제에 대한 조절력을 잃어버린다.

그러나 어떤 사람들은 발전적인 후회를 한다. 잠시 자책에 빠지거나 아이에게 잘못을 투사할 수도 있지만 이내 회복하고 '어떻게 하면 분노 조절을 잘할 수 있을까?' 하고 생각한다. 그리고 다음에는 어떻게 해야 할지 좀 더 세밀한 계획을 세우거나 다른 사람으로부터 배우기도 한다. '그래, 다음에는 뒤돌아서서 심호흡을 하고 10까지 숫자를 세도록 하자'라거나 화를 진정시키고 대화를 하는 자신의 모습을 구체적으로 상상할 수도 있다. 이러한 과정을 거치면 3단계에 도달할 수 있다.

3단계 습관적 반응 중 알아차림

좀 더 알아차림의 반응이 빨라지기 때문에 가능한 일이다. 소리를 지르다가 '이런! 내가 지금 또 소리를 지르고 있네. 지난번 마음먹은 것처럼 뒤돌아서서 심호흡을 해야지'라고 화를 내는 중간에 멈추는 것이다. 그 자체만으로 예전과 다른 반응이다.

이 단계가 반복되면 습관적인 반응을 멈추고 원하는 반응을 선택할 수 있다. 이 과정은 매우 의식적이며 어려운 일이다. 하지만 타자가 3할만 쳐도 좋은 타자인 것처럼 10번에 3번만 멈출 수 있으면 된다. 그리고 점점 그 횟수를 늘려나간다.

4단계 원하는 반응

소리를 지르기 전에 아이와 앉아서 대화를 한다. 그리고 이러한 일들이 반복되면서 점점 의식적인 노력이 덜 필요하고 점차 자신이 원하는 반응이 습관으로 자리 잡는다.

마지막 4단계에 도달하기 위해서는 1, 2, 3단계를 꼭 거칠 수밖에 없다. 그러나 만일 당신이 처음부터 4단계에 도달하기만을 바란다면 어떻게 될까? 당신은 계속 나아지는 변화 없이 자신을 자책하는 악순환에서 벗어날 수 없을 것이다.

자기 조절의 과정을 이해하라. 그런 사실을 이해하고 수용한다면 우리의 자기조절력은 보다 향상될 수 있을 것이다.

위대한 사람처럼 대하라

자율성을 끌어내는 관계의 힘

인간의 마음은 정원과 같아서 지혜롭게 가꿀 수도 있고
야생의 들판으로 버려둘 수도 있다.
그러나 가꾸건 방치하건, 무언가는 반드시 자라난다.
유용한 씨앗을 심지 않는다면
쓸모없는 풀씨만 날아와 잡초가 무성하게 자랄 것이다.

-제임스 앨런James Allen

믿는 만큼
스스로 움직인다

고려대학교에서 학생들을 가르치는 존 마셜 리브John Marshall Reeve 교수는 동기부여와 감정을 연구하는 교육학자다. 그가 한국에 와서 대학생들을 보며 느낀 점은 놀랄 정도로 공부를 열심히 하는 데 비해 자발성은 너무 떨어져 있다는 점이다. 높은 성취도나 노력에 비해 낮은 동기를 갖고 있는 게 그로서는 이해할 수 없는 일이었다. 그러나 학생들을 경험하고 대화하면서 비로소 의문이 풀렸다.

"한국 학생들에게 동기를 기준으로 점수를 준다면 양적인 면에서는 A, 질적인 면에서는 C 정도가 될 것 같다. 한국 학생들의 동기에는 대부분 압력과 완벽주의, 부담감과 의무감, 간혹 죄책감까지도 섞여 있다. 한국 학생들은 스스로 원해서, 뭔가를 이루어내고 있다는 뿌듯함을 느끼고자 공부하지 않는다. 이것은 '하고 싶다'와 '해야 한다'의 차이라고 할 수 있다."[1]

거래, 강요, 설득이 만연한 사회

우리 사회는 커다란 '의자 빼앗기' 게임판이 펼쳐지고 있다. 의자는 부족한데 의자 주변에 많은 사람들이 노래를 부르며 돌다가 '앉아!'라고 하면 먼저 의자를 차지해야 살아남는 게임이다. 의자에 앉지 못한 사람은 탈락하고 남은 사람들은 또 의자의 개수를 줄여 다시 경쟁한다. 끝까지 하면 최후의 1인이 남는다.

그런데 이 게임이 사회 전체적으로 벌어지고 있다면 어떨까? 게다가 의자에 앉지 못하는 사람은 다시 기회가 없고 그대로 파산하거나 낙오된다면? 지금 우리 사회의 분위기가 그렇다. 이 사회를 끌고가는 힘이 바로 '무한 경쟁'이고 그 안에서 사람들이 느끼는 기본적인 정서는 불안과 공포다. 사람들은 어떻게든 도태되지 않고 먼저 의자에 앉아야 한다고 생각한다. 못 앉는 사람은 무능한 사람이고 그들에게 '루저'라는 딱지를 붙인다.

이는 아이를 가진 부모들의 모습에서 여실히 드러난다. 한국 사회의 부모들은 자신의 역할을 다른 아이보다 먼저 내 아이를 의자에 앉히는 것이라고 생각한다. 어떻게든 남보다 빨리 그리고 많이 공부를 시켜서 좋은 대학에 보내려고 한다. 그러다 보니 아이는 어릴 때부터 설득, 강요, 비난, 회유, 거래 등을 접한다.

나름대로 원칙을 가지고 아이를 키우는 부모들도 예외는 아니다. '어릴 때부터 공부 습관을 들이지 않으면 안 된다', '옆집 아이들은 이렇게 한다더라', '영어는 중학교 때까지 끝내야 한다'는 식의 이야기를 듣고 나면 '믿고 기다린다는 것'이 아이를 방치하거나 시대착오적이라는 느낌을 지울 수가 없다. 뭔가 자신이 잘못하고 있다는 생각에 교육의 원칙과 철학은 무너지고 만다. 결국 좀 더 오래 버티느냐 마느냐의 차이만 있을 뿐이다. 과도한 사교육이 아이들의 창의성이나 자율성에 해가 된다는 학자들의 이야기는 '현실을 모르는 소리'라는 학원 관계자들의 논리를 당해내지 못한다. 어릴 때부터 사교육에 내몰린 아이들은 일찌감치 생존 경쟁에 밀려 세상에 대한 호기심과 새로운 것을 배우는 재미를 잃어버린다.

자율성은 개인적인 능력이 아니라 이를 뒷받침해줄 환경이 절대적으로 필요하다. 꽃밭이 병들어 있는데 어떻게 꽃이 필 수 있겠는가! 그럼 자율성은 어떤 환경에서 발현되고 향상되는가? 자율성을 존중하고 만족시키는 환경을 한마디로 자율 지원 환경이라고 한다. 이는 사람들로 하여금 스스로 선택하고, 자신의 목표를 설정하고, 개별성을 존중하며, 자신의 문제를 스스로 돌아보고 해결하도록 돕는다.

존마셜 리브 교수는 자율 지원 환경의 4가지 기본 요소를 다음과 같이 꼽았다.[2]

첫째, 개별성을 강조한다

자율 지원 환경의 핵심은 개인의 존중이다. 개인의 욕구와 선호, 관점을 지원하고 길러준다.

둘째, 선택과 솔선수범을 촉진한다

스스로 선택할 수 있는 기회와 주도성을 행사할 수 있는 경험을 가지도록 고려한다.

셋째, 규칙과 제한에 대한 근본적 이유를 전달한다

자율 지원 환경이라고 해서 무질서하고 제약이 따르지 않는 환경을 의미하는 것은 결코 아니다. 모든 조직에서 규칙, 한계, 제한은 꼭 필요하다. 다만 그러한 규칙, 한계, 제한 등이 어떻게 만들어지고 전달되고 사용되어지느냐가 중요하다. 전달만 놓고 보면 지시하고 통제하는 방식이 있고, 규칙이나 제한의 필요성과 중요성을 설명하고 의논하고 받아들일 수 있도록 하는 방식이 있다. 후자의 방식일수록 규칙이나 제한을 자발적으로 수용하고 내면화할 가능성이 높다.

넷째, 긍정적 피드백이 풍부한 비통제적 대화를 주로 나눈다

누구나 실수를 하고 잘못을 저지른다. 제대로 하지 못하고 부적절하게 행동할 수 있다. 자율 지원 환경에서는 이러한 실수나 부족함이 비난의 대상이 아니라 지원하고 해결할 문제라고 본다. '너 왜 이렇게 공부에 집중을 못해. 그 정도는 해야지!'가 아니라 왜 문제가 이어지거나 적절치 않게 행동하는지 당사자에게 물어본다. '집중이 잘 안 되는 것 같은데? 집중이 잘 안 되는 이유가 뭘까? 좀 더 집중하려면 어떻게 해야 할까?'라고 대화를 나눈다.

믿고 기다린다는 것

아래는 한 가정의 양육 원칙이다. 어떤 느낌이 드는가?

- 저녁마다 그날 학교에서 배운 것들에 대해 길게 대화를 나눈다. 이때 항상 "오늘은 학교에서 무슨 질문을 했니?"라고 묻는다. 이는 아이들에게 늘 지식에 배고파야 한다는 메시지를 담고 있다.
- 아이들과 함께 차를 타고 이동할 때는 라디오를 끄고 이야기를 나눈다.
- 숙제할 시간인 오후 6시 45분부터 9시까지는 TV, 채팅, 인터넷

서핑, 음악 듣기는 금지다. 물론 숙제를 끝내지 못하면 그 시간은 더 길어질 수 있다. 숙제가 없는 날에는 독서나 글짓기 같은 다른 종류의 두뇌 작업을 한다.

- 아이들이 공부를 하는 동안 부모들은 독서를 하거나 글을 쓴다. 아무도 예외는 없다.
- 정기적으로 부모의 직장에 데려가 생산성의 모범을 보여주고, 어른들이 일하는 모습을 보여준다.
- 집에 손님이 방문하면 한두 시간 정도 아이들도 같이 자리해 어른들과 대화하고 의견을 나누는 법을 익히게 한다.
- 집에 자신들의 공간을 꾸미고 그곳에서 그 주에 해야 할 일과 활동들을 미리 계획하고 우선순위를 정하도록 돕는다.
- 방과 후 활동(우리나라는 학원, 과외)은 2, 3일로 제한하고, 그 외의 날에는 알아서 시간을 보내게 한다. 무엇을 하든 자유다.
- 가족끼리 소풍이나 여행을 자주 간다. 가기 전에 관련 정보를 모두 읽어보고 교육적 요소를 가미하기 위해 의식적으로 노력한다. 예를 들면 '암석의 형성 과정 이해'라는 주제를 정해서 여행을 떠난다.
- 아이들에게 엄마 아빠가 자신들을 사랑하고 존중하며 자랑스러워한다는 것을 말해준다.

이는 '다양한 정신의 아이들All Kinds of Minds'의 설립자이자 '발달 및 학습 연구를 위한 클리닉 센터'의 소장으로 활동하는 멜 레빈Mel Levine 교수가 수많은 가정들을 관찰하면서 가장 모범적인 양육을 하고 있다고 꼽은 바튼 씨 부부의 사례다.[3]

자율 지원 환경에 완전히 들어맞는 것은 아니라고 하더라도 바튼 씨 부부는 아이들에게 질서와 자유의 균형을 맞춰주고 교육의 본질이 본보기에 있음을 알고 실천적으로 노력하려는 자세가 몸에 배어 있다. 부부는 아이들의 자기조절력을 길러주고, 역할 모델이 되어주고, 호기심을 자극하는 대화를 나누고, 수동적인 오락을 최소화하며 대신 흥미롭고 능동적인 경험을 통해 풍부한 자극을 주는 것으로 보인다. 그리고 그들이 아이들을 얼마나 사랑하고 자랑스러워하는지 잘 표현하고 있다. 만일 누군가가 당신에게 양육의 원칙과 노하우를 말해달라고 한다면 뭐라고 대답할 것인가?

인간의 발달에 있어 환경적 요소는 매우 중요하다. 아무리 자율성이 강한 사람이라고 하더라도 이를 억압하는 환경에서 자란다면 자율성은 훼손되고 왜곡될 수밖에 없다. 자율 지원 환경이란 어찌 보면 간단하다. 당신이 다른 사람에게 바라는 것을 먼저 만들어주는 것이다.

점점 잘한다고
느끼게 하라

나는 2003년에 담배를 끊었다. 물론 그 전에도 담배를 끊으려고 여러 번 시도했지만 번번이 실패했다. 2003년에는 담배를 끊어야 할 확실한 이유가 생겼다. 큰아이가 태어났는데 중간중간 담배를 피우고 들어와서 아이를 본다는 것이 꺼림칙했다. 그리고 아이가 자라서 어떤 사람으로 어떻게 살아가는지를 오랫동안 지켜보고 싶었다.

우선 내가 오래 살아야 가능한 일이라는 생각이 드니 그때부터 건강을 챙기기 시작했다. 결심은 섰지만 예전의 반복된 실패를 어떻게 극복하느냐가 문제였다. 나는 결심만 한다고 되는 것이 아니라는 것을 받아들였다. 실패를 반복하지 않기 위해서 그리고 개인적인 의지

를 북돋아줄 방법을 찾다가 금연 관련 소프트웨어가 있다는 것을 알
게 되었다.

구체적인 피드백은 향상심을 자극한다

그때 내가 찾은 프로그램 중에 '금연매니저'와 '금연도시'가 있었다.
금연매니저 같은 경우 화면에 자신의 결심이 몇 시간 이상 지속되고
있는지, 몇 개비를 안 폈는지, 금연으로 인한 경제적 효과가 얼마나 되
는지 등이 표로 정리되어 한눈에 볼 수 있었다. 금연도시의 경우도 비
슷했다. 이 프로그램은 약간 게임의 요소가 가미되어 있는데 특히 금
연 기간에 따라 여러 가지 등급으로 승급할 수 있는 재미가 있었다.
이런 식이다. 금연을 처음 시작하면 천민이다. 그리고 금연 기간이 늘
어남에 따라 '평민-병사-기사-기사장-장군-상장군-대장군-귀족-남
작-자작-백작(70일)-후작(84일)-공작-신(10년)'으로 승급한다. 그깟 호
칭이 얼마나 중요할까 싶지만 막상 시작하니 생각보다 동기부여가 되
었다. 더 높은 단계로 나아가고자 하는 욕구가 강해졌다. 이제 나는 금
연한 지 10년이 넘었으니 신의 단계까지 올라온 셈이다. 물론 이 프로
그램은 3~4개월 정도밖에 쓰지 않았지만 금연을 유지하는 데 큰 도
움이 되었다.

그때 뭔가를 계속 잘하기 위해서는 '내가 얼마만큼 나아지고 있는 가'를 구체적으로 확인하는 것이 중요하다는 것을 알았다. 그러면 목표의식이 강해지고 더 나아지고 싶은 향상심이 자극된다. 이는 비단 금연만의 문제가 아니다. 예를 들어 태권도나 검도 등 운동을 할 때 여러 가지 승급이 존재하는 것도 비슷한 이치다. 아이들이 게임에 심취하는 이유도 점점 레벨을 올리고 싶은 충동이 커지기 때문이다.

1980년대 중반 미국의 양조협회는 유능한 바텐더의 기준을 마련하였다. 단골손님의 이름과 그 손님이 좋아하는 술의 이름을 얼마나 알고 있는지가 중요한 기준이었다. 그리고 '100인 클럽'을 선정해서 시상을 하기 시작했다. 처음에는 100명 정도를 알고 있는 바텐더가 많지 않았기 때문에 그 정도면 유능한 바텐더라고 생각한 것이다. 그러나 얼마 지나지 않아 도달할 사람이 없을 것이라고 여겼던 '500인 클럽'이 생겨났고 1990년이 되자 제니스라는 여성 바텐더는 '3000인 클럽'에 가입하게 되었다.

유능함의 구체적인 기준이 마련되자 사람들은 너도 나도 할 것 없이 더 유능해지려고 노력했다. 세계 선수권 대회나 올림픽을 보면 생리적으로 불가능하다고 여겼던 인간의 한계가 매번 깨지고 있지 않은가! 그것은 꼭 보상 때문이 아니다. 우리 안에 점점 더 유능해지고 싶은 욕구, 즉 향상심이 있기 때문이다.

구체적인 기준이 주어지면 향상심은 더 자극된다. 만일 헬스클럽에서 러닝머신을 달리는데 계기판이 고장 났다면 어떻게 될까? 계기판을 통해 달리는 속도, 거리, 칼로리 소모량을 알고 달리는 것이 우리에게 더욱 자극을 주는데 이런 자극이 없어진다면 운동량은 떨어질 수밖에 없다.

그렇기 때문에 우수한 코치나 교사, 매니저라면 가르치는 대상이 얼마만큼 좋아지고 있는지에 대해 객관적인 기준을 가지고 구체적으로 피드백을 하는 것이 중요하다. 이를 위해 향상의 정도를 객관적으로 나타낼 수 있는 척도나 기준이 필요하다. 예를 들어 기업에서 '국가직무능력표준NCS'과 같은 것을 도입하는 것도 같은 이치다. 이는 산업 현장에서 필요한 직무를 수행하기 위한 능력과 기술을 체계적으로 정리해놓은 기준으로 인사 관리는 물론 자신의 능력 평가에 객관적인 수단이 된다.

매일 작은 성공을 맛보게 하라

성취감을 경험하는 것은 동기부여에 참 중요하다. 지난 30여 년간 창의성을 연구해온 하버드대학교 경영대학원의 테레사 에머빌Teresa Amabile 석좌교수는 조직의 창의성과 성과를 높이는 데 굳이 돈을 안 쓰고도 좋은 방법이 있다고 주장한다.

"성과를 높이기 위한 가장 좋은 방법은 바로 직원들에게 긍정적인 기분을 만들어주는 것이다. 그들의 내면 상태가 성과를 개선시킨다. 사람은 기쁠 때 자신의 업무 환경에 대해 긍정적으로 인식하고, 자신의 업무에 강력한 동기부여를 받을 때 가장 창의적이다. 그렇다면 무엇이 좋은 기분을 만들어줄까? 복지 혜택, 보너스 같은 인센티브? 아니다. 최고의 기분을 유지하는 하루를 만드는 방법은 매우 간단하다. 그것은 매일 사소한 업무라도 의미 있는 작은 성공을 맛보게 해주는 것이다."[4]

에머빌은 왜 이런 주장을 했을까? 그는 서로 다른 7개 기업 임직원들의 일기를 분석했다. 제품 혁신 업무를 담당하는 238명의 직원들에게 매일 일기를 써서 짧게는 3개월, 길게는 1년에 걸쳐 이메일로 제출하도록 했다. 또한 하루의 감정과 업무의 진전 정도 등에 대해서 7점 척도로 평가하도록 했다.

분석 결과, 전반적으로 기분이 좋은 날은 기분이 나쁜 날에 비해 창의적인 아이디어가 떠오를 가능성이 50퍼센트가 높은 것으로 나타났다. '너무 뻔한 결론 아닌가?' 하는 생각이 들 수도 있다. 그런데 여기서 중요한 것은 직장에서 언제 기분이 좋아지느냐다. 이는 크게 3가지였는데 일에서 작은 성공을 경험하는 것, 업무에 필요한 지원을 받는 것, 사내 대인 관계에서 존중, 인정, 격려 등의 좋은 경험을 하는 것이다. 이 중에서도 가장 기분 좋게 만드는 것은 무엇이었을까? 바로 '일에서 작은 성공을 경험하는 것'이었다.

반대로 기분 나쁜 하루는 업무에서 좌절을 맛보았을 때로, 무려 67퍼센트에 달했다. 물론 이는 일보다 인간관계에서 더 스트레스를 받는 우리나라의 직장인과 분명 차이가 있을 수 있다. 그렇더라도 일에서 성과를 내는 것 자체가 무척 중요한 요소임을 알 수 있다. '일의 진전 그리고 실력의 향상'이 가장 효과적인 동기부여가 되는 것이다.

그런데 관리자는 어떤 요소가 동기부여에 가장 중요하다고 생각하고 있을까? 에머빌 교수의 연구가 끝날 무렵 관리자 700여 명을 대상으로 설문 조사를 했다. 동기를 부여하는 요소로 5가지 항목을 제시하고 중요도에 따라 순위를 매겨달라고 했다. 그 5가지 항목은 다음과 같다. 업무에서 작은 성공을 이루도록 지원하는 것, 명시적인 인센티브, 공로에 대한 인정, 명확한 업무 목표, 감정적 지원. 그런데 700여 명 가운데 35명만이 업무에서 작은 성공을 이루도록 지원하는 것을 1등으로 꼽았다. 많은 관리자들이 업무에서 성과를 내는 것은 개인의 몫이라고 생각하고 있었던 것이다.

그러므로 관리자나 코치는 일단 목표를 세우고, 향상의 정도를 평가할 수 있는 기준을 제시하고, 자율성을 부여하여 작은 성공을 얻을 수 있도록 도와야 할 것이다.

관계 욕구를 활용하라

우리가 어떤 일을 열심히 할 때 그 일 자체보다 사람이 좋아서 열심히 하는 경우가 있다. 예를 들면 학교 다닐 때 특정 과목을 열심히 공부했다면 그 과목에 흥미가 있어서인 경우도 있지만 그 과목을 가르치는 선생님을 좋아해서 열심히 하는 경우도 있다. 상담도 마찬가지다. 부모가 하는 이야기를 상담자가 똑같이 하는데도 상담자의 이야기를 잘 받아들이는 것은 유대 관계가 형성되면서 '연결'되었기 때문이다.

긍정적 유대 관계가 형성되면 상대방의 사고와 가치를 우리는 자발적으로 내면화한다. 우리 안에는 기본적으로 자율에 대한 욕구뿐 아니라 타인과 정서적 유대를 맺고 친밀한 관계를 맺고자 하는 관계의 욕구가 내재되어 있기 때문이다. 사람들은 관계 욕구가 만족될 때 잘 기능하고, 스트레스에 잘 대처하며, 심리적인 문제를 덜 갖는다.

관계의 질이 자율의 질을 좌우한다

성장은 매우 작은 걸음들로 이루어진다. 엄마 품에서 벗어나 호기심 어린 물건을 집으러 가는 아이를 생각해보자. 아이는 엄마한테 매달려 있으면서 먼저 눈으로 방을 탐색한다. 그리고 자신이 엄마 곁을 떠나도 엄마는 자신을 보호해줄 거라고 스스로를 안심시키면서 앞으로 나아간다. 혹시라도 불안한 마음에 뒤를 돌아보았을 때 엄마가 미소 지으며 '아가야! 그렇게 해도 된단다. 엄마가 있잖아'라는 무언의 메시지를 전달해준다면 아이는 용기와 힘을 낼 것이다. 그리고 더 적극적으로 주변을 탐색하고 뭔가를 시도할 것이다.

아이의 탐색과 도전이 잘 이루어지려면 엄마와의 애착 관계가 절대적으로 필요하다. 특히 다른 동물들과 달리 사람은 20여 년 이상을 돌봐줄 누군가가 꼭 필요하기 때문에 애착은 선택이 아닌 생존의 문제다. 애착이 형성되면 아이는 이제 탐색의 길에 나선다. 우리는 안전하다고 생각할 때 더 높은 수준의 욕구와 충동으로 나아갈 수 있는 존재다. 반대로 안전이 위협받는다고 느끼면 퇴행한다. 안전의 욕구는 성장의 욕구보다 더 우세하기 때문이다.

아이가 세상을 탐색하고 도전할 수 있는 힘은 엄마가 자신을 지켜줄 것이라는 '기본적인 믿음'에서 비롯된다. 그러한 믿음은 아이가 필요로 했을 때 엄마가 옆에서 돌봐주었던 구체적인 경험이 있기 때문에 가능하다. 만일 아이가 무섭고 놀라서 계속 우는데도 달려와줄 엄마가 없거나 아이를 방치하는 엄마라면 아이는 탐색과 도전을 잘할 수 없다.

이는 실제로 인력이 부족한 시설에서 자란 아동들과 가정에서 부모의 보살핌을 받고 자란 아동들의 모습을 비교해보면 구체적인 차이를 알 수 있다. 인력이 부족한 시설은 소수의 보모가 아이들의 요구에 일일이 반응할 수 없다. 아이들은 아무리 울어도 자신의 요구를 들어주지 않는 경험을 더 자주한다. 그런 아이들은 무력감을 느끼고 의욕을 가질 수 없다. 아이다운 호기심이 줄어들고 관심을 표현하는 일도 사라진다. 자극에 대한 표현과 반응이 약해지고 느려진다. 아이는 적극적인 탐색을 하려고 하지 않는다.

흔히 관계와 자율이 서로 충돌한다고 생각하는 사람들이 있다. 다른 사람과 가까워지면 자율을 포기해야 하거나 위협당하는 것으로 느끼는 것이다. 하지만 이는 사실이 아니다. 그것은 자율성을 존중받지 못하고 자라왔기 때문에 느끼는 두려움이다. 과도한 통제나 위협으로 자아가 휘둘리거나 파괴될지 모른다는 아동기의 두려움이 해소되지 못한 채 성인이 되었기 때문이다. 누군가 가까이 다가오는 것을 안전으로 경험하지 못하고 위험으로 느끼기 때문이다.

그러나 내 안의 두려움을 정면으로 응시하고 곰곰이 생각해보자. 상대가 정말 자기 뜻대로 나를 휘두르려는 사람인가? 설사 그렇다면 나는 그렇게 하도록 내버려둘 것인가? 과연 나에게는 나를 지켜낼 힘이 없는 것인가?

좋은 양육자는 아이의 욕구와 스스로 하려고 하는 주도성을 잘 이끌어주며 적절하게 반응할 줄 안다. 어머니로부터 따듯하고 적절한 반응을 받고, 스스로 할 수 있도록 돌봄을 받은 아이들은 의존적이지 않다. 관계 욕구를 충족하면서도 동시에 자율성이 발달한다.

인간은 기본적으로 자율의 욕구와 관계의 욕구를 모두 가지고 있다. 자유롭고 싶으면서도 누군가와 깊이 연결되고 싶다. 그러므로 우리는 자율적이면서 동시에 의존적일 수 있다. 아니, 오히려 그것이 바람직하다.

그러나 굳이 선후를 따지자면 좋은 연결의 바탕 없이 자율은 커갈 수 없다. 만일 누군가 좋은 연결이 없는데도 무척 독립적이고 자율적으로 살아가고 있다면 그 사람은 세상을 자기 혼자 힘으로 살아가야 한다고 생각하고 깊은 관계를 피하는 사람일 것이다. 그가 보이는 자율성은 건강한 자기 조절에서 나오는 것이 아니라 애착 손상으로 인해 생겨난 불신과 혼자 책임질 수밖에 없다는 불안에서 비롯된 자기 방어이며 과도한 자기 의존이다. 겉으로는 강해 보이지만 무거운 갑옷 안에 상처받은 어린 자아가 숨어 있는 것이다.

가족 치료 전문가 살바도르 미누친Salvador Minuchin은 이렇게 이야기한다. "깊이 연결되어 있을수록 우리는 진정한 자신이 될 수 있다."

좋은 관계를 위해 노력하라

지금처럼 개인이 각광받던 시대가 있었던가. 집단은 갈수록 약화되고 자아의 열풍이 분다. 독립과 개성, 자기 표현이 대세다. 반대로 뭔가에 의지하는 것은 왠지 안 좋게 보인다.

나 역시 오랫동안 자신을 독립적인 사람이라고 생각해왔다. 아니 독립적이어야 한다고 생각하며 살아왔다. 의지해서는 안 되고 혼자 힘으로 세상을 헤쳐나가야 한다고 믿었다. 그러다 보니 사람이든 신앙이든, 무언가에 깊이 의지하는 사람들을 색안경 끼고 바라본 적이 있었다. 뭔가 문제가 있는 사람처럼 보였다. '의존'이나 '애착'은 아이들에게만 필요한 미성숙의 지표라고 바라본 것이다.

그러나 '의존'이 병이 아니라 '의존 혐오증'이 병이라는 것을 나중에야 알게 되었다. 모든 것을 혼자 다 해결하려고 하는 과도한 독립성의 바탕에는 보살핌의 결핍과 의존 욕구의 억압이 감춰져 있다는 것을 정신과 의사가 되고 나서야 알았다. 자율은 관계와 대립되는 개념이 아니다. 자율성이 발달되었다고 관계성이 떨어지는 것은 아니다. 오히려 자율적일수록 친밀함에 기초한 건강하고 상호적인 관계를 맺을 수 있다.

모든 사람은 관계를 맺어야 하고 소속되어야 한다. 누구나 친밀한 상호 관계를 갈망한다. 우리는 다른 사람과 따뜻하고 가깝고 다정한 관계를 형성하기를 원한다. 누군가로부터 이해받고 공감받기를 바라며 나의 욕구에 상대가 반응해주기를 바란다. 궁극적으로 우리를 살아가게 하고 움직이게 하는 것은 관계다.

지금까지 인생에서 가장 행복했던 순간은 언제인가? 가장 불행했던 순간은 언제인가? 사람들에게 이렇게 물으면 대부분은 누군가와 사랑하고 깊이 연결되어 있고 자신이 누군가에게 중요한 존재라고 생각될 때 가장 행복하다고 이야기한다. 반대로 가장 불행한 순간은 자신이 타인에게 의미 없는 존재로 느껴지거나 배척당하거나 중요한 사람을 떠나보낸 순간이라고 꼽는다.

결국 인간은 나 홀로 존재할 수도 없고 나 홀로 행복할 수도 없는 존재다. 생텍쥐페리는 《인간의 대지*Terre des hommes*》에서 관계의 힘을 자신의 비행 동료인 앙리 기요메의 이야기를 통해 들려준다.

조종사인 기요메는 우편기를 타고 안데스 산맥을 횡단하다 조난당했다. 7,000미터의 봉우리들과 영하 40도의 안데스 산맥에 갇혀버린 것이다. 그는 3일 동안 살을 에는 추위 속에서도 앞만 보고 걸었다. 그러다가 탈진되어 눈 속에 그대로 쓰러지고 만다. 그는 그만 죽고 싶었다. 그러나 그 순간 가족이 떠올랐다. 그가 죽은 뒤 만일 그의 시체를 찾지 못한다면 가족들이 보험금을 타기 힘들다는 생각이 들었다. 그는 고개를 들어 앞을 보았다. 저 앞 눈 더미 위에 솟아 있는 바위가 보였다. '그곳까지 갈 수 있다면……' 그는 다시 몸을 일으켜 세웠고 비틀거리며 걸었다. 그는 걸음을 멈추지 않았고 끝내 마을까지 걸어가서 살 수 있었다.

탈진된 기요메를 다시 일으켜 세운 것은 가족이다. 가족을 위해 안간힘을 낼 수 있었다. 긴 인생을 살아가기 위해서는 이렇게 자신이 살아야 할 이유를 주는 관계가 필요하다.

미국 앨러미다에 사는 7,000여 명의 남녀를 대상으로 9년간 조사한 결과, 인간관계나 공동체의 유대가 결여된 사람들의 사망률이 그렇지 않은 사람에 비해 1.9~3.1배 더 높았다. 심지어는 해로운 생활 습관을 가졌음에도 친밀한 인간관계를 가진 사람들이 건강한 생활 습관을 가졌지만 인간적인 유대가 없는 사람들보다 더 오래 살았다.[5] 이외에도 고립이 질병을 유발하고 연결이 치유와 성장을 촉진한다는 조사 결과는 수도 없이 많다.

이때 놓치지 말아야 할 것은 '관계의 질'이다. 얼마나 많은 사람들을 알고 지내고, SNS상에 친구가 몇인가는 그다지 중요하지 않다. 인간관계는 크게 '공유 관계communal relationship'와 '교환 관계exchange relationship'로 나눌 수 있다. 공유 관계는 친구, 연인, 가족, 사제 관계처럼 서로의 행복과 관심에 기초한 관계다. 그에 비해 교환 관계는 비즈니스 관계처럼 서로 간의 이해관계에 의해 맺어진 관계를 말한다. 우리에게 힘을 주는 것은 기본적으로 공유 관계다. 이러한 공유 관계는 서로 간 상호 이해와 상호 작용이 있어야 가능하다. 공유 관계만이 진정한 관계의 욕구를 충족시켜주며 자율성의 발달에 도움을 준다.

함께 가야 멀리 갈 수 있고, 함께 가야 다시 일어설 수 있고, 함께 가야 우뚝 설 수 있다. 우리는 스스로 생각하는 것보다 훨씬 유혹에 빠지기 쉽고, 감정에 쉽게 동요되는 취약한 존재다. 그리고 반대로 우리는 다른 사람들에 의해 고무되고 지지를 받는 존재다. 우리가 자율적으로 살아가기 위해서는 유혹에 저항할 수 있는 내적인 의지를 갖는 것도 중요하지만 자기 조절을 돕는 관계와 외부 환경이 중요하다는 사실을 잊지 말아야 한다.

매뉴얼이 아니라
권한을 주라

만일 일에 지장이 없는 한 출퇴근 시간을 직원이 알아서 정하고 볼일이 있으면 아무 때나 나가도 되는 회사가 있다면 어떨까? 제대로 운영이 될까?

그런데 실제로 그렇게 운영되는 회사들이 있다. 미국의 전자 제품 유통 회사 베스트바이는 위기에 내몰렸다가 출퇴근을 자유롭게 하는 'ROWE Result Only Work Environment' 정책으로 생산성과 업무 만족도가 높아졌다. 브라질의 제조 회사인 셈코는 한술 더 뜬다. 자율적인 근무 시간은 물론 보고서, 조직 체계, 비즈니스 계획도 없는 '무통제 경영'으로 운영된다. 그럼에도 매년 40퍼센트 이상 기록적인 성장을 이

어가고 있다. 셈코의 경영자 리카르도 세믈러Ricardo Semler는 그 비결을
이렇게 말한다.

"왜 직원을 성숙한 성인이 아닌 어린아이로 취급하려고 하는가. 책
임을 지고 있는 성숙한 성인이라면 출근하기로 한 약속을 어기고 업
무를 방치한 채 마음 편하게 놀 수 있을까? 할 일을 제대로 해내기만
한다면 일하는 장소가 어디든 아무 상관없다."

세믈러는 직원들을 시켜야 말을 듣는 아이가 아니라 책임감을 지닌
성인으로 믿고 꾸준히 대했기 때문에 직원들이 더 높은 책임감을 가
지고 자율적으로 일한다는 것이다. 어릴 때부터 통제 속에서 자라온
사람이라면 믿기지 않는 결과다.

주도성 패러독스

영업 사원인 영철 씨는 관리자를 마주하는 게 힘들다. 하나부터 열
까지 간섭하고 통제하려고 들기 때문이다. 그중에서도 매일 영업 일지
를 쓰라고 하는 것이 가장 힘들다. 하루 중 만난 사람들의 명단과 어떤
내용을 이야기했는지 쓰는 것이다. 이건 초등학생 일기 검사하는 것도
아니고 일지를 써내는 것 자체가 싫다. 처음에는 그래도 시키니까 썼
지만 시간이 흐를수록 건성건성 썼다. 관리자인 영철 씨의 상사는 그런

그를 나무란다. 왜 이렇게 주인의식이 없냐고. 그럴 때마다 영철 씨는 속으로 너무 화가 난다. '노예처럼 일일이 감시하고 통제하면서 주인의식을 갖고 일하라니!' 도대체 말이 되는 소리인가. 주인으로 느낄 만한 대접은 눈꼽만큼도 하지 않으면서 주인의식을 갖고 일하라는 말을 어떻게 할 수 있는지 정말 이해가 가지 않는다. 상사에게 '언제 한 번이라도 주인처럼 대해줬어!'라는 말을 꼭 한번 해주고 싶다.

어디 영철 씨뿐이랴! 직장인들이 갖는 공통된 불만 중 하나는 불필요한 간섭이다. 일을 시켰으면 믿고 맡겨줘야 하는데 늘 사사건건 잔소리를 해대니 배겨날 수가 없다. 그래서 직원과 관리자나 경영진 사이에는 종종 긴장감이 감돈다. 상사는 부하직원에게 주인의식을 요구하지만, 막상 부하직원이 주도적으로 행동하면 가만 놔두지 않는 상황이 도처에서 벌어진다.

이를 미국의 심리학자인 도널드 캠벨Donald Campbell은 '주도성 패러독스initiative paradox'라고 부른다. 직원들에게 이중 메시지가 주어지는 것이다. 이는 개인과 개인의 관계뿐 아니라 조직과 조직의 관계에서도 나타난다. 이를테면 본사와 해외 지사의 관계도 마찬가지다. 해외 지사의 경우에는 그 나라의 특성을 감안해서 판매 정책, 재고 관리, 마케팅 등을 알아서 했으면 싶은데 본사는 지역적 특수성과 지사의 자율성을 강조하면서도 한편으로는 사사건건 간섭하고 통제하는 경우가 많다. 프랜차이즈 업체들도 비슷한 문제를 겪는다. 본사에서 할인 행사부터 인테리어까지 운영의 모든 것을 간섭하고 까다로운 기준을 정해놓는 경우가 많다.

익숙하지 않은가! 이는 우리가 자랄 때 가정에서 느꼈던 것과 비슷하다. 부모는 스스로 알아서 하면 된다고 선택권을 주는 것 같으면서도 드러내놓고 혹은 내심 어떻게 하기를 바라는 메시지를 이중으로 전달하는 경우가 많다. "네가 알아서 해"라고 해서 알아서 하려고 하면 부모는 "그래도 이렇게 하는 게 좋지 않을까?"라는 말이나 마음에 안 들어하는 표정 등 이중적인 메시지를 아이들에게 수시로 전달한다. 알아서 못하니까 챙겨준다는 미명하에.

그러면 아이들은 어떻게 할까? 당연히 눈치를 볼 수밖에 없다. 마음껏 고르라고 하는데 부모가 골랐으면 하는 것이 따로 있을 때 자기 마음대로 할 아이가 몇이나 있겠는가. 아이들은 언어적인 메시지와 비언어적인 메시지의 차이를 잘 안다. 부모가 말로는 믿는다고 하지만 방문을 열고 들어오는 것이 의심하는 것인지, 아니면 관심을 가지고 지켜보는 것인지 부모의 표정과 눈빛을 보며 금방 알아차린다. 그런데도 부모들은 감시가 아닌 관심이라고 이야기한다.

아이들은 혼란에 빠진다. 언어적인 메시지와 비언어적인 메시지가 다르기 때문이다. 이는 마치 표정이 화가 난 친구에게 화가 났냐고 물어보는데 뾰로통하게 "화 안 났어!"라고 대답하는 경우와 같다. 말과 마음이 다르다는 것을 알게 되면 아이들은 더 이상 부모를 믿지 못하고 마음의 문을 닫아버린다.

회사에서도 마찬가지다. 도처에 이중 메시지가 깔려 있다. 그런 회사일수록 직원들은 눈치 보기 바쁘다. "할 말 있으면 뭐든지 해봐"라고 말해놓고 막상 직원이 불만을 이야기할 때 눈살을 찌푸린다면 어떻게 그다음부터 편하게 이야기할 수 있겠는가! '도전과 혁신'을 수없이 강조하면서 한편으로는 도전에 따른 실패에 대해 징계를 가하거나 과도한 감사를 한다면 어느 조직원이 방어적이지 않을 수 있을까! 자율성을 존중하기 위해서는 상대방이 자율적인 존재라는 기본적인 믿음을 가지고 그에 따른 권한과 선택권을 부여해야 한다.

비약적으로 성장한 자포스는 무엇이 다른가

제품의 특성상 인터넷으로 신발을 사고파는 것은 참 어렵다. 그런데 창업 자금 단돈 15만 달러로 시작한 온라인 신발 회사가 있다. 자포스는 2008년 미국 금융 위기 이후에도 1,300퍼센트라는 놀라운 성장률을 기록했고, 고객의 재구매율이 75퍼센트를 넘었다. 게다가 고객 충성도 지수는 미국 기업 중 최고이며, 2010년 《포춘》이 선정하는 일하기 좋은 100대 기업에서 15위에 뽑혔다. 1999년에 창업했으니

10년이라는 짧은 기간에 비약적으로 성장한 것이다.

과연 그 핵심 비결은 무엇일까? 자포스의 성공 비결은 회사를 쇼핑몰로만 규정하지 않고, 서비스를 하나의 제품으로 이해하고 최상의 서비스를 파는 '서비스 컴퍼니'로서의 정체성을 가졌기 때문이다. 이는 콜센터 직원들의 자부심과 연결되었다. 보통 기업들은 고객센터 혹은 콜센터를 가지고 있다. 통상 이곳은 기업의 핵심 부서가 아니다. 그러나 자포스에서 콜센터는 최고의 핵심 부서다. 왜냐하면 '서비스 컴퍼니'에서 고객에게 서비스를 제공하는 주체가 이들이기 때문이다.

우선 이름부터 다르다. 콜센터라는 단어 대신 '콘택트 센터contact center'라고 부른다. 이 콘택트 센터는 365일 연중무휴로 운영되며 모든 직원이 정규직이다. 또한 직원들에게 대폭 권한을 주었다. 만일 고객이 찾는 상품이 자사 사이트에 없다면 경쟁 회사 사이트를 검색해서라도 고객이 상품을 구매하도록 정보를 알려준다. 자신의 판단과 재량으로 고객의 생일에 꽃을 선물할 수도 있다.

그런데 놀랍게도 자포스 콘택트 센터 직원들에게는 매뉴얼이 없다. 이들에게 유일한 지침이 있다면 '고객이 특별하게 느끼도록 해줄 것'이라는 원칙밖에 없다. 그러다 보니 콘택트 센터 직원들은 고객의 입장에 서서 문제를 파악하고 적극적으로 소통하려고 노력했다. 어떤 고객과는 6시간을 통화했다고 하니 놀라운 일이 아닐 수 없다.

매뉴얼이 없는데 과연 일을 잘할 수 있을까? 많은 사람들이 우려하

는 부분이다. 실제로 갑작스럽게 자율성을 부여하면 큰 혼란과 무질
서가 야기되기도 한다. 회사에 안 나오고 놀러 가거나 밤새 술을 마시
고 그다음 날 오후가 되어서야 일어나는 일이 벌어질 수도 있다.

초기에는 '알아서 해봐!'라고 맡기기보다 제대로 지켜나갈 줄 아는
자율성을 갖춘 프로들이 분위기를 주도해야 한다. 신뢰를 바탕으로
실질적인 도움과 지원 그리고 소통을 해나가야 한다. 그러면 혼란과
무질서는 점점 자율적으로 정화되기 마련이다.

사실 자율성은 복잡하고 힘든 일이다. 경험해본 사람만이 그 어려
움을 안다. 믿는다고 해서 가만히 알아서 하라고 내버려두어서는 안
된다. 특히 오랜 시간 동안 통제와 매뉴얼에 의해 관성적으로 일을 해
온 사람이라고 한다면 처음부터 알아서 잘할 수 없다. 오히려 그런 기
대를 갖는 것이 문제다.

중요한 것은 자율적인 문화가 내면화되도록 적극 도와야 한다. 자
율성은 결코 구호나 선언에 의해 얻을 수 있는 것이 아니다. 정체성과
의식 차원에서의 각성 그리고 이를 일관되게 뒷받침해줄 수 있는 교
육과 시스템이 없으면 하지 않는 것만 못할 수도 있다. 오히려 혼란만
가중시킨다.

직원들이 스스로 열심히 일하고 최고의 서비스를 제공하는 또 다
른 회사를 살펴보자. 미국의 노드스트롬 백화점의 직원들 역시 권한
이 많다. 스스로의 판단으로 무엇이든 교환하거나 환불해줄 수 있

다. 그리고 한 달에 200달러 한도 내에서 고객에게 친절을 베풀기 위한 것이라면 뭐든지 할 수 있는 권한도 있다. 이곳 역시 복잡한 매뉴얼이 없다. 노드스트롬 백화점의 CEO인 블레이크 노드스트롬Blake Nordstrom은 이렇게 말한다.

"첫째, 모든 상황에서 스스로 판단하라. 둘째, 모든 불리한 상황에 직면했을 때 첫 번째 원칙으로 돌아가라."

군이 매뉴얼이 있다면 자율성이라는 핵심 지침뿐이다. 노드스트롬은 "직원들에게 권한 부여를 했더니 다들 사업가처럼 일하더라"고 말했다.

이렇게 권한을 주고 후원을 하면 직원들은 시키지 않아도 열심히 일할 수 있는 잠재력을 가지고 있다. 사람들은 자신의 행동이 스스로에게서 나온 것이라고 느낄 때 더욱 열심히 한다. 즉 자기 행동이 외부의 어떤 것에 의해 결정된 것이 아니라 스스로 선택한 것이며, 행동의 동기가 외부의 통제 때문이 아니라 자기 내면의 자발적 요구로부터 나왔다고 느끼기를 원한다. 그것이 바로 자율성의 욕구다. 그러므로 누군가를 이끌어가는 사람이라면 사람의 기본적 욕구를 충족시킬 수 있어야 한다. 부하직원들에게 어떻게 하면 더 많은 선택권을 줄 수 있을지 고민해야 한다.

생각해보자. 지금 집과 학교 그리고 회사에서 결정을 하고 역할을 나누는 문제에서 어떻게 하면 선택권을 높일 수 있을까? 어떤 문제는 빠르게 결정하고 일사불란하게 해야겠지만 어떤 일들은 시간을 두고 사람들의 참여를 독려해야 한다. 학교에서는 현장 학습을 어디로 어떻게 갈 것인지, 글쓰기 주제를 무엇으로 할 것인지 학생들이 선택하게 하지 못할 이유가 없다. 또한 기업에서는 회사 운영이나 사업 방향과 관련된 의사 결정에 있어 직원들이 참여하지 못할 이유가 없다.

어떠한 결정에 어떤 식으로든 자신의 의사가 반영되어 있다고 느낀다면 우리는 더욱더 그 일을 자신의 것으로 생각하게 된다. 자신이 할 바를 스스로 선택한 사람들은 자기가 하는 일에 더욱 전념한다. 자기에게 선택권을 준 사람이 자신을 온전한 개인으로 인정해주고 있음을 느끼기 때문에 내적 동기가 고양되고 타인의 일방적 지시에 따라 일하는 사람보다 더 많은 일을 잘해낼 수 있다.

이때 주의할 것은 사람에 따라 권한에 대한 부담을 너무 크게 느낄 수 있다는 점이다. 오히려 누군가는 명확하게 시키고 지시해주기를 원한다. 이들에게는 과도한 권한 위임이 짐이 될 수 있다. 틀을 벗어나서 아이디어를 자유롭게 펼쳐보고 싶어 하는 사람들에게 먼저 기회를 주라. 그리고 권한을 부여하는 것을 꼭 회사 전체의 과제로 생각할 필요는 없다. 위험을 감수하고 새로운 것에 도전하는 것을 원하는 사람들에게는 좀 더 혁신적인 팀을 구성해줄 필요가 있다.

인간관계의 황금률

미국의 사회심리학자 더글러스 맥그리거Douglas McGregor는 인간관을 동기부여의 관점에서 분류한 'X-Y이론'을 제기했다. X이론은 사람은 본능적으로 일하기를 싫어하기 때문에 감시나 처벌이 필요하다는 것이고, 반대로 Y이론은 대부분의 사람들은 일에 대해 보람을 느끼고 일하는 것 자체를 즐기기 때문에 기본적인 조건이 충족되면 스스로 목표를 추구하고 열심히 일할 수 있다는 이론이다.

어떤 이론이 맞을까? 의견이 분분한데 정작 어느 이론이 맞느냐보다 더 중요한 것은 경영자가 어느 한 이론에 근거해서 직원을 대하면 실제로 그 직원은 그 이론에 부합되는 행동을 보인다는 사실이다. 즉 사람은 기본적으로 일하기 싫어하기 때문에 감시나 처벌이 필요하다고 믿는 기업가가 운영하는 회사라면 그곳에서 일하는 직원들은 다들 일하기를 싫어하게 된다. 반대로 사람은 감시나 통제를 하지 않아도 책임감을 느끼고 자신의 일을 할 수 있다고 믿는 기업가의 회사 직원들은 자율적으로 일할 수 있다.

이는 인간관계의 황금률과 같다. 물론 예외가 있을 수는 있지만 내가 상대를 신뢰하면 상대도 나를 신뢰한다. 미국의 시인이자 사상가인 랠프 월도 에머슨이 했던 말을 연상해보면 그 의미를 더 잘 이해할 수 있을 것이다.

"사람들을 신뢰하라. 그러면 그들이 당신을 신뢰할 것이다. 그들을 위대한 사람처럼 대하라. 그리하면 그들이 자신들의 위대함을 보여줄 것이다."

자율적으로 살아가려면 기본적으로 우리가 자율적인 존재임을 믿어야 한다. 누군가 자율적으로 살아가기를 바란다면 그 사람 안에 자율성이 내재되어 있음을 믿어야 한다.

수직 구조를 수평 구조로

브라질에서 다양한 종류의 캔을 생산하는 '브라질라타'라는 제조 회사가 있다. 브라질라타는 직원 1인당 145개 이상의 아이디어를 낼 만큼 남아메리카의 대표적인 혁신 기업으로 손꼽힌다. 발명가를 직원으로 뽑은 것도 아니고 다른 제조 회사의 직원들과 조건이 다르지 않은데 도대체 그 비결이 무엇일까?

그것은 직원들에게 '피고용자'라는 수동적 역할이 아니라 '발명가'라는 새로운 정체성을 갖도록 경영진들이 일관성 있게 노력해온 결과다. 발명가로 생각하고 활동할 수 있도록 체계적인 '내부 제안 시스템'을 구축하고 이를 통해 직원들은 생산 공정을 개선하거나 비용을 줄일 수 있는 우수한 아이디어를 쏟아냈다.

예를 들면 직원들이 직접 인화성 액체나 위험 물질을 담을 수 있는 혁신적인 캔을 개발했다. 위험물을 담는 기존의 캔은 충격으로부터 보호하기 위해 두껍게 만드느라 비용이 많이 들었는데, 브라질라타의 발명가들은 자동차의 범퍼에서 영감을 얻어 충격을 받으면 이를 흡수해서 변형이 가능한 캔을 개발한 것이다.

브라질라타는 비용 절감이나 매출 상승으로 인한 이익을 직원들과 공유하였고 평생 고용을 약속했다. 회사의 운영 역시 직함이 별로 없는 수평적 구조로 되어 있어 좀 더 많은 아이디어가 나올 수 있었다. 물론 브라질라타처럼 조직원들의 정체성이 하루아침에 바뀔 수는 없다. 누군가 나에게 몇 번의 칭찬을 해준다고 해서 그 사람을 믿을 수 있는 것은 아니다. 말과 표정과 행동 등이 일치되어 자신을 위해준다는 진정성이 느껴질 때 비로소 마음의 문이 열린다.

브라질라타의 직원들이 발명가라는 정체성을 받아들일 수 있었던 것도 다른 것이 아니다. 그냥 일시적이고 구호로서만 전달했다면 직원들의 의식에 영향을 미칠 수 없었을 것이다. 경영진부터 진심으로 직원을 발명가로 생각하고 대하는 태도가 일관성 있게 이어졌기 때문에 가능한 일이었다. 직원들은 발명가라는 새로운 정체성을 서서히 받아들임으로써 밥벌이에 불과했던 일에 자부심을 느끼고 잠재된 영감을 계발하게 된 것이다.

직원들이 상사나 경영진에게 불만이 많은 것처럼 회사를 운영하는 사람들을 만나면 하나같이 직원들에 대한 불만을 쏟아놓는다. 자기 이익만 챙긴다는 것이다. 매년 급여를 올려주고 상여금도 챙겨주고 있지만 도대체 자기 일처럼 열심히 하는 사람을 찾아보기 힘들다는 것이다. 제대로 일할 만하면 다른 곳으로 옮겨버리니 잘해줄 필요가 없다고 생각하는 경영주도 많다. 그래서 많은 경영주들은 '그만두지 않을 만큼' 급여를 준다. 당연히 직원들도 '잘리지 않을 만큼' 일을 한다. 그러나 사람들이 열심히 일을 하지 않는 것이 꼭 돈 때문이고 계산적이기 때문일까? 아니라고는 할 수 없지만 그렇다고 절대적인 사실은 아니다.

많은 기업에서 혁신을 외친다. 하지만 혁신은 자동사다. 시켜서 열심히 하는 것이 자율이 아니듯 시켜서 하는 혁신은 혁신이 아니다. 혁신에는 그 무엇보다 자율성이 요구된다. 누군가 시켜서 하는 것도 아니고 누군가에게 보고해야 할 의무 없이 스스로 알아서 하는 자율성이 무엇보다 필요하다.

이를 위해서는 피라미드식 계층 구조가 약해지고 단순화되어야 한다. 계층이 줄어들고 수직 구조가 수평화되면 지시와 통제보다 토론과 협력이 늘어난다. 창조적 기업이나 자율적인 기업 문화를 가진 회사들은 하나같이 수평적 구조를 가지고 있다. 그리고 상사의 역할 역시 전형적인 관리자라기보다는 조언하고 도와주는 스폰서여야 한다.

우리에게 고어텍스(등산복이나 등산화 원단)라는 기능성 의류로 유명한 미국의 고어Gore는 1958년에 설립된 이후 지속적인 성장을 이뤄내고 있다. 또한 《포춘》이 발표하는 '가장 일하고 싶은 100대 기업'에 계속 선정되고 있는 몇 안 되는 기업 중 하나다. 엔지니어 출신인 창립자 빌 고어는 조직의 계층이 창의성을 억누른다고 보고 1967년 '격자 조직'이라는 수평적인 조직 개념을 처음으로 도입했다. 그리고 '종업원employees'이라는 말 대신 '동료associates'라는 용어를 사용함으로써 자율적인 기업 문화를 만들어냈다. 자율 경영을 바란다면 무엇보다 경영자의 마인드와 인간관이 바뀌어야 한다. 가장 중요한 것은 직원을 자율성과 책임감을 지닌 성인으로 대해야 한다. 직원을 존중하지 못하는 경영진이 있는 한 자율 문화가 싹틀 수 없다.

미국의 손꼽히는 IT기업이자 '가장 일하고 싶은 기업'인 SAS의 짐

굿나잇Jim Goodnight 회장은 신뢰가 자율 경영의 기초라고 말한다.

"직원들이 중요한 변화를 가져올 수 있다는 믿음으로 그들을 대해야 한다. 그러면 당신의 기대를 현실로 이뤄낼 것이다. 물론 고용주와 고용인 사이의 신뢰가 우선이다. 서로 신뢰할 수 있는 환경을 만들기 위해서 온 힘을 다해야 한다."

감시자가 아니라 스폰서가 되라

창원국가산업단지 내 성우기전이라는 회사는 창업 5년 만에 매출이 13배나 증가했다. 공작 기계의 부품을 만드는 성우기전은 2001년 7월 자본금 23억 원으로 출발한 자율 경영 체제의 종업원 지주 회사다. 출퇴근 시간은 정해져 있지만 꼭 지킬 필요는 없다. 자기 업무는 자기가 책임지고 알아서 완수하면 된다. 근무 시간은 자율이되 그만큼 책임이 따르는 자율 경영 체제가 성우기전의 독특한 경영 방식이다. 간섭이나 통제가 당장의 업무 효율은 기대할 수 있지만 장기적으로 보면 자율에 맡기는 것이 생산력 향상으로 이어진다는 이상길 사장의 경영 소신에 따른 것이다.

이러한 자율 경영과 공정한 평가를 토대로 전 직원에 대해 연봉제를 실시함으로써 제품 불량도 줄이고 매출도 급신장세를 이어가고 있다. 성우기전의 자랑은 품질 혁신으로 인한 기술력이다. 이는 자율성에 토대를 두고 있다. 이상길 사장은 회사 상황과 관련된 정보를 임직원들에게 공개한다. 전 직원이 한자리에 모이기 힘든 탓에 부서장 및 반장 등을 통해 전달한다. 그의 사무실에는 '나의 사명은 정직하게 살고, 다른 사람의 삶을 개선시키는 것이다'라는 글귀가 적혀 있다.

이러한 자율 경영은 결코 사람이 자율적인 존재라는 믿음이 서 있지 않으면 가능하지 않다. 그리고 이러한 믿음은 기본적으로 자신이 자율적인 존재라는 믿음 없이는 불가능하다. 자신이 자율적이지 않다고 생각하는 사람이 어떻게 다른 사람을 자율적이라고 생각할 수 있겠는가!

자녀 문제로 상담을 하는 부모들은 흔히 이렇게 이야기한다.

"나도 내 아이를 믿고 싶은데 행동을 보면 믿음이 안 가요."

"공부하기로 약속한 걸 지키지 않는데 어떻게 믿어요?"

그래서 얼마나 공부했는지 확인하고 또 확인한다. 그러나 다시 생각해보자. 아이가 부모에게 공부하겠다고 한 약속이 과연 자발적인 약속일까? 부모가 시키는 일을 알아서 잘하는 것이 과연 아이다운 것일까? 사실 강요된 약속이고 일방적인 기대일 뿐이다. 그 약속을 지키지 않았다고 비난을 가하고 재차 확인하고 점검을 하면 아이는 기질에 따라 더 반발하거나 아니면 자신감을 잃고 흥미를 잃게 된다.

부모가 아이를 못 믿으면 아이는 자신을 결코 믿을 수가 없다. 결국 부모는 자녀를 위한다는 명목으로 '통제자'가 되거나 '감시자'가 되어 악순환을 반복한다. 자녀들에 대한 믿음을 잃어버린 부모를 보면서 아이들은 부모의 관심을 통제나 간섭으로 받아들이지 결코 애정이나 지원이라고 생각하지 않는다. 어느 순간 엇나가거나 혹은 혼내거나 시키지 않으면 스스로 움직이지 않는 타율적인 존재로 자랄 수밖에 없다. 다수의 대한민국 부모는 자녀를 믿지 못하고 통제하는 감시자가 되어버렸다. 부모의 기대에 미치지 못하는 아이들은 점점 자기 신뢰를 잃어가고 있다.

사실 자기 신뢰는 정신적 면역력의 핵심이다. 자신을 믿지 못하는 사람이 제몫을 다해낼 수도, 자율적인 삶을 살아갈 수도 없다. 그런데 자기 신뢰는 혼자 만드는 것이 아니라 부모로부터 주어지는 것이다. 다른 사람도 아니고 부모라면 어떤 상황에서든 자녀를 믿어줄 수 있는 최후의 보루가 되어주어야 한다. 먼저 믿게끔 해줘야 믿음을 주겠다는 것은 거래일 뿐이다. 먼저 진심으로 믿어주는 '내리믿음'이 있어야 한다. 내리믿음을 받은 아이들은 설사 방황하더라도 반드시 제자리로 돌아온다. 꼭 공부가 아니더라도 결국 자기 몫을 해낼 수 있다. 그러므로 정말 어려운 일이지만 부모가 자녀에게 줄 수 있는 최고의 선물은 내리믿음이며 최고의 부모는 내리믿음을 줄 수 있는 부모다.

머슴처럼 키우면 머슴이 되고 정승같이 키우면 정승이 된다는 말이

있다. 문제점만 찾아서 문제아 취급을 하면 점점 문제아가 된다. 그렇
다고 아주 사실적이고 객관적으로만 자녀를 보는 것도 좋은 것은 아
니다. 부모라면 자녀의 가능성과 잠재력에 대한 믿음을 가지고 키워
야 한다. 아이들은 그 믿음에 따라 성장한다. 좋은 리더는 사람에 대한
믿음을 가지고 있다. 현재의 모습만 보고 판단하지 않고 그 사람의 가
능성과 잠재력을 눈여겨볼 줄 안다.

리더라면 사람들이 자신의 역할에 자부심을 갖고 자신의 일에 의미
를 부여할 수 있도록 도와줘야 한다. 무엇보다 리더 스스로 의미를 존
중하고 사람을 키울 줄 아는 사람이어야 한다. 일방적으로 끌고가는 것
이 아니라 옆에서 지켜봐주고 뒤에서 밀어주는 스폰서가 되어야 한다.

한계가 없다면
자율도 없다

요즘 '딸 바보'라는 말이 유행이다. 딸을 각별히 위하는 아빠를 가리키는 말인데 과거의 무뚝뚝한 아빠들과 비교해보면 긍정적인 변화라고도 할 수 있다. 그러나 과연 '딸 바보'로 표현되는 자녀와의 관계가 좋기만 한 것일까? 이 말은 결국 우리들의 가정이 자녀 중심으로 움직이고 있음을 보여준다. 부부 관계가 점점 사라지고 자녀 중심의 가족 관계로 치우쳐 있음을 시사한다. 그렇다 보니 부부가 느껴야 할 친밀감과 애정을 자녀와의 관계에서 채우는 부부들이 많아졌다. 게다가 자녀가 하자는 대로 부모가 끌려다니느라 가정 교육의 기준이나 원칙이 없는 경우가 많다. 부모로서의 권위라고는 도저히 찾아보기 힘들다.

감정은 허용하되 행동은 제한하라

쾌락을 따르는 것이 자율은 아니다. 쾌락을 따르는 것은 자신의 의지가 아니라 본능에 복종하는 것이다. 자율이란 스스로 부과한 법칙에 따라 행동하는 것이며 이를 위해서는 규율과 한계가 필요하다.

K씨 부부는 양육 문제 때문에 늘 다툰다. 남편인 K씨는 아이를 통제할 필요가 없다고 생각한다. 그는 시골에서 8남매 중 여섯째로 태어나 농사일로 바쁜 부모 아래 자랐다. 제대로 보살핌을 받지 못하고 자랐던 그이기에 아이들은 가만히 내버려둬도 알아서 잘 큰다고 생각한다. 가만히 두면 아이가 스스로 깨칠 수 있다고 믿는다. 그래서 기본적으로 아이에 대한 통제를 중요하게 여기지 않는다. 아이가 냉장고 문을 열어 아무거나 먹어도, 공부를 안 하고 놀기만 해도 별로 뭐라고 하지 않는다. 그런데 아내는 그럴 수가 없다. 아이가 스스로 할 수 있을 때까지는 부모의 보호와 규제가 필요하다고 생각하는 입장이다. 그렇다 보니 아이 문제로 남편과 부딪칠 수밖에 없다. 다만 남편의 입장이 너무 강하다 보니 남편이 있는 데서는 못하고 남편이 없을 때만 아이를 야단치고 통제한다. 아내는 화병이 생길 정도다. 마땅히 해야 할 부모로서의 역할에 대해서도 남편이 간섭이나 통제라고 보는 것을 이해하기 힘들다. 남편은 늘 좋은 역할만 하고 자신은 악역만 도맡아 할 수밖에 없다. 아

이 역시 혼란스러워한다. 아빠는 하라고 하고, 엄마는 안 된다고 하니 결국 눈치를 보게 되고, 아빠와 있을 때와 엄마와 있을 때 행동이 다를 수밖에 없다.

아이든 성인이든 규율이 필요하다. 규율하면 왠지 벌 받는 것을 연상할 수도 있다. 하지만 규율의 핵심은 처벌이 아니다. 처벌은 오히려 문제 행동을 조장하기도 한다. 처벌을 받으면 오히려 반발심이 커져 들키지 않고 그 문제를 반복할 궁리를 하게 된다. 안 해야겠다고 생각하는 마음 한편에 들키지 말아야겠다고 생각하는 것이다. 스스로 납득이 되지 않았는데 그냥 하지 말라고 하는 것은 아이들이 문제를 더욱 은밀히 하게 만들도록 조장할 뿐이다. 몰래 하는 행동은 묘한 흥분과 즐거움을 준다. 두려움과 즐거움은 아주 밀접하게 연관된 감정이기 때문이다.

규율의 핵심은 처벌이 아니라 대안을 찾는 것이다. 규율은 독재나 강압을 의미하는 것은 아니다. 그런데 부모들 중에는 마치 통제는 잘못이고 허용은 좋은 것이라고 인식하기도 한다. 여기서 중요한 점은 감정은 허용하되 행동은 제한하는 것이다. 책임을 묻는 것은 감정이 아니라 행동과 표현에 대해서다. 감정은 받아들이되 행동은 한계를 정해두어야 한다. 규율이 바로 서려면 해도 되는 행동과 하지 말아야 되는 행동을 구분해야 한다. 다만 그 규칙이 일방적인 강요가 되어서는 곤란하고 왜 중요한지를 반복적으로 설명해주는 게 필요하다. 이를 닦는 것을 싫어하는 아이라고 하더라도 이를 닦는 것이 왜 중요한지 반복적으로 설명하면 나중에는 스스로 이를 닦게 되는 것처럼 설명과 이해는 꼭 필요하다. 아이가 지켜야 할 내적 기준이 되는 것이다. 그렇다고 같이 결정하라는 것은 아니다. 결정은 부모의 몫이다.

마트에 가보면 떼를 쓰는 아이들을 쉽게 만날 수 있다. 아이들은 참고 기다리기보다 지금 당장 원하는 것을 갖고 싶어 한다. 그런데 핀란드에서는 과자나 장난감을 사달라고 조르는 아이가 별로 없다고 한다. 왜 그럴까? 부모들이 일주일에 딱 하루를 정해 '사탕 먹는 날'로 허락하기 때문이다. 아이들은 다른 날에는 사탕이나 과자를 사주지 않는다는 원칙을 잘 알고 있기 때문에 마트에 가서도 괜한 떼를 쓰지 않는다. 그렇다고 핀란드 부모들이 늘 엄한 규율 속에 강압적인 것은 아니다. 공중도덕과 같이 꼭 필요한 부분에 대해서는 규칙을 철저히 지키고 다른 부분은 아이에게 많은 자율권을 준다.

이렇듯 부모가 명확한 한계를 아이들에게 정해주면 아이들은 안정감을 느낀다. 때로는 한계를 벗어나는 행동을 할 때도 있지만 그때는 제지를 해야 한다. 다만 제지를 할 때에도 아이의 감정은 받아주고 행동은 안 된다는 것을 분명히 한다. 그리고 그 과정에서 아이가 모욕감이나 수치심을 느끼게 해서는 안 된다.

우선 아이의 감정과 욕구는 인정해주자. 아이라면 얼마든지 그러한 감정과 욕구를 가질 수 있다고 받아준다. 예를 들어 장난감을 지금 당장 사달라고 떼를 쓰면 "지금 바로 저 장난감을 사고 싶구나. 저게 있으면 오늘 저녁에 참 재미있겠지. 그러나……"라며 아이의 욕구와 감정을 받아주는 것이 우선이다. 아이도 일단 자신의 욕구와 감정이 받아들여지면 막무가내식 행동으로 바로 넘어가지 않는다. 이어 부모가 왜 지금 사줄 수 없는지를 설명할 때 조금은 받아들일 여유가 생긴다.

그러나 아이들은 이성적으로 판단하고 행동할 수 없기 때문에 다시 투정이나 떼를 부릴 수 있다. 그럴 때 기준을 무너뜨리지 않는 일관성이 중요하다. 만약 장난감이라고 한다면 생일과 같은 특별한 날이 아니면 안 된다는 것을 분명하게 이야기하는 것이 필요하다.

관리의 방식과 목표가 다르다

회사나 조직에서도 마찬가지다. 자율 경영이라고 했을 때 무조건 알아서 하라고 맡기는 것이 아니라 관리가 필요하다. 다만 관리의 방식과 목표가 다르다. 하버드대학교 R. 시몬스R. Simmons 교수는 자율 경영 시대에 적합한 새로운 행동 관리 방식으로 다음 4가지를 제시한다.

첫째, 핵심 목표를 분명히 선정하고, 계획 대비 실적을 측정하는 진단적 통제 시스템Diagnostic Control Systems.

둘째, 현장과 경영진의 대화를 통해 사업의 전개 방향을 재검토하는 상호작용 통제 시스템Interactive Control Systems.

셋째, 조직의 핵심 가치 및 사명이 잘 전달되어 구성원들의 가치가 되도록 하는 신념 체계Belief Systems.

넷째, 규칙을 정하고 구성원들이 피해야 할 행동을 제시해주는 경계 체계Boundary Systems. 즉 구성원들에게 '무엇만은 해서는 안 된다'를 일깨워주는 한계 설정이다.[6]

자율 경영은 방임 경영이 아니라 책임 경영이며 공동 경영이다. 책임지지 않고 일을 안 하는 사람들도 똑같은 대우나 혜택을 누린다면 자율 경영은 유지될 수 없다. 그러므로 자율 경영이라 하더라도 조직은 구성원들이 꼭 지켜야 할 테두리를 정해놓는 것이 중요하다. 출퇴근은 자유롭게 하더라도 자신이 맡은 일은 책임을 지고 끝내야 한다. 이를 위해 조직에서는 '해서는 안 될 일 목록'이 있어야 한다. 단 이를 최소화해야 하고 절대 불변이라기보다 생산성과 창의성을 위해서는 수정할 수 있는 융통성을 발휘해야 한다.

하지만 목록이 수정되기 전까지는 일관성 있게 지켜야 한다. 만일 직원들에게 이런 한계선을 명확하게 제시하지 않는다면 직원들은 부적절한 상황에 과도하게 나서거나, 나서야 할 상황에서 어떻게 해야 할지 몰라 쩔쩔매게 될 것이다. 이런 경우에는 직원들에게 주도성을 발휘해야 할 상황을 명확히 알려야 한다.

절제의 미덕이 없다면 삶은 무질서해지고 초라해진다. 맛있는 음식을 절제할 줄 모르고 마구 먹어대는 사람은 사실 그 음식의 진정한 맛을 느낄 수 없다. 욕망을 통제할 줄 알아야 하고 해야 할 것이 있으면 해야 한다. 규율은 자율을 억압하는 것이 아니라 규율 속에서 자율이 피어난다. 그러므로 자율성을 부여하되 자율성의 한계를 정하는 것은 중요한 문제다.

이왕이면 한계를 정할 때 이러한 점을 고려해보자.

첫째, 스스로 정하게 한다. 이때도 통제적인 언어 즉 '꼭 해야 한다, 반드시' 등은 삼가고 상대의 욕구나 감정을 인정해주는 것이 좋다.

둘째, 유용한 정보를 제공한다. 규제가 필요하다면 왜 그러한 규제가 필요한지 상대의 눈높이에 맞게 충분히 전달한다.

셋째, 한계를 정하되 선택할 수 있는 기회를 최대한 준다. 작은 선택이라도 할 수 있을 때 자율성을 존중받는 것처럼 느끼게 된다.

상대를 수동적으로 통제하는 대상으로 여기는 것이 아니라 스스로 상황을 주도할 능력이 있는 존재로 인정하는 것이 중요하다. 부모나 윗사람은 규율을 정할 때 한계를 정해주면서도 최대한 자율성을 해치지 않으려는 배려를 해야 자녀나 아랫사람이 책임감을 가질 수 있다는 사실을 반드시 유념해야 한다.

에리히 프롬은 그의 저서 《소유냐 존재냐*Haben oder Sein*》에서 자유의 실체적 의미가 자율임을 설파한 바 있다. 현실과 인생의 합법칙성을 따를 때 우리는 비로소 자유로울 수 있다. 그의 이야기를 들어보자.

"자유는 방임이나 자의가 아님을 분명히 해둘 필요가 있다. 다른 모든 종과 마찬가지로 인간 역시 고유의 구조를 지니고 있고, 그 구조에 일치하는 한 성장할 수 있다. 내가 이해하는 자유란 일체의 지배적 원리를 벗어던지는 자유가 아니라 인간의 실존 구조에 맞게 성장을 가능하게 하는 자유-자율적 제약-이다. 이것은 인간에게 가장 적절한 발전을 보장해주는 법칙들을 준수함을 의미한다."

자율성 향상을 위한
4단계 접근법

어떻게 행동할 것인지 스스로 선택하게 하면
좀 더 능동적으로 바뀐다.

타율이라고 하더라도 가만히 보면 다양한 단계가 있다. 중요도 동기가 부여되어 있거나 유능감을 느끼고 있다면 자율에 가까운 타율이라 할 수 있다. 중요도 동기라면 시켜서 하는 것이라 하더라도 사실은 수용자가 이를 자기 것으로 완전히 받아들여 자신의 가치 체계로 통합한 상태가 된다. 이를 '내면화internalization'라고 한다. 마치 음식을 잘 소화시켜 영양을 흡수하여 자신의 일부가 된 것이라 비유할 수 있다.

이에 비해 한 단계 낮은 '동일시identification'의 상태가 있다. 이는 소화시켰다기보다 내용에 무비판적으로 동조하는 것을 말한다. 한편이라는 소속감을 느끼고 싶은 마음이든 조직 안에서 살아남기 위해서든

이 같은 태도를 취하는 것이다. 즉 동일시란 자신이 좋아하거나 존경하는 사람과 같다고 생각하거나 그 사람으로부터 호감을 얻기 위해서 자신의 신념, 태도 또는 행동 등을 변화시키는 것을 말한다.

그리고 '순응compliance'의 단계가 있다. 이는 자신의 내적 변화보다는 보상을 원하거나 처벌이 두려워 겉으로 혹은 표면적으로 동조하는 것을 말한다. 낮은 단계의 타율이며 그 이하로 내려가면 수동적인 저항부터 더 나아가 반항까지 다양한 형태의 저항이 있을 수 있다.

그러므로 '내면화'란 타율에서 자율로 전환된 상태다. 여기서 말하는 내면화란 외부의 신념, 가치관 등을 자신의 사고에 병합시켜 자신의 것으로 재구성한 것을 말한다. 재구성한다는 것은 외부에서 전달되는 가치나 지식의 본질을 기계적으로 받아들이는 것이 아니라 자기나름의 방식으로 재해석하여 저장한다는 것을 의미한다.

어떻게 스스로 공부하고
스스로 일하게 할 수 있을까

부모나 경영진이라면 누구나 타율에서 자율로의 전환을 바란다. 스스로 공부하기를 바라고 스스로 고민하고 일하기를 바란다. 그러나 정작 아이들과 직원들은 스스로 하지 않으려 하고 귀찮아한다. 그러면 어떻게 해야 할까? 여기에서는 아이들이 자율적으로 행동하기를 바라는 부모를 대상으로 지금까지 나왔던 이야기들을 정리해보았다.

첫째, 아이의 감정이나 충동을 받아준다

부모가 시키는 행동을 처음부터 제대로 하거나 바로 하는 것이 힘들다는 점을 인정해준다. 잘 몰라서일 수도 있고 아는 것을 지켜나가기에는 아직 스스로를 조절할 수 없어서 그럴 수도 있다. 그러므로 기대대로 행동해주길 바라는 것은 부모의 욕심일 뿐이다.

만일 아이가 방 안에 장난감을 어질러놓고 정리를 안 한다고 해보자. 보통의 아이들이라면 놀기 위해 잔뜩 어지럽히지만 알아서 치우는 경우는 거의 없다. 그게 아이들이기 때문이다. 그래서 치우라고 했는데 바로 움직이지 않고 딴청을 피우거나 꾸물거리는 것은 어찌 보면 당연한 모습이다. 이를 가지고 화부터 내서는 곤란하다. 한두 번 이야기했으면 알아듣고 치워야 한다고 생각하는 엄마가 있다면 그 기대가 너무 높은 것이다.

"엄마가 이야기할 때 바로 치우는 것은 어렵지? 그럴 거야. 더 놀고 싶으니까 자꾸 꾸물거리게 될 거야. 그러나 엄마도 같은 이야기를 여러 번 반복하는 마음이 어떨까?" 하고 말하며 아이의 감정을 받아주면서 아이에게 되물어보는 것이 좋다. 어른들이 자신들의 마음을 조금이라도 헤아려준다고 느끼면 아이들은 무작정 "치우라는 말 안 들

있어? 당장 치워!"라고 통제와 지시를 받는 아이들에 비해 내면의 동기를 더 크게 느끼는 법이다.

둘째, 반복적인 설명과 대화가 필요하다

그 행위가 왜, 그리고 얼마나 중요한지를 상대의 입장에 서서 설명하고 이야기를 나눠야 한다. 예를 들어 일찍 잠을 자야 한다고 해보자. 그렇다면 일찍 잠을 자는 것이 왜 중요한지를 아이의 눈높이에서 설명하는 것이다.

"애야, 우리 몸에는 키를 크게 해주는 (성장) 호르몬이 있어. 그런데 그 호르몬은 아무 때나 나오는 게 아니래. 언제 나올까?", "우리가 충분히 잠을 안 자면 어떻게 될까? 엄마는 다음 날 많이 피곤한데 너는 어떤 것 같아?" 특히 아이에게 그 행위에 어떤 의미가 있고 가치가 있는지를 눈높이에 맞춰 설명해준다. 시켜서 하는 행동이라고 하더라도 아이가 왜 그 행동이 중요한지를 이해하면 할수록 갈등과 저항을 겪지 않는 자율적인 행동을 하게 된다.

셋째, 선택의 폭이 적더라도 최대한 선택할 수 있도록 돕는다

어떤 행동을 하라고 압박하고 통제하는 것이 많을수록, 즉 자기결정성이 낮을수록 저항 심리는 높아진다. 반대로 어떻게 행동할 것인지 스스로 선택하게 한다면 좀 더 능동적으로 행동할 수 있다. 즉 똑같이 하기 싫은 일을 해야 하는 상황이라도 그것을 실행하는 방법에서 조금이라도 자유를 누리고 자율성을 인정받으면 좀 더 집중하고 적극적으로 행동할 수 있다. 아이에게 정리하라고 시키기 전에 먼저 물어보라. "치워야 할 때인데 언제 시작할래?"라거나 치워야 할 것이 많다면 "어떤 것부터 치울래?"라고 물어보는 것이 좋다.

부모, 상사, 교사와 같이 다른 사람을 이끄는 사람들은 다른 이들에게 어떻게 하면 더 많은 선택권을 줄 수 있을지 고민해야 한다. 선택은 자발성을 북돋우며 스스로 선택할 수 있는 사람은 자기가 하는 일에 전념하기 때문이다.

넷째, 긍정적 피드백과 협력의 대화가 필요하다

누구나 실수를 하고 잘못을 저지른다. 아이들이라면 더 말할 나위도 없다. 아이의 자율성을 키우려면 실수나 잘못에 대해 허용하는 분위기가 되어야 한다. 뭔가를 배우거나 알아가는 데 있어 기본적으로 시행착오란 학습의 본질임을 부모부터 이해해야 한다. 아이들에게도 그런 과정을 통해서 점점 실력이 늘고 더 많은 것을 알아가는 것임을 이야기해주는 것이 꼭 필요하다. "처음부터 잘하는 사람은 없어. 생각처럼 잘 안 되고 실수하는 과정을 거쳐서 점점 잘할 수 있는 거야"라고 말해줘야 한다. 또한 뭔가 잘 되지 않았다면 그 원인을 '노력'이나 '방법'에서 찾도록 돕는다. 자신의 노력이 부족하거나 방법상 문제가 있었던 것에서 그 원인을 찾을 때 또다시 할 수 있는 힘이 생기기 때문이다.

그리고 칭찬도 좋은 칭찬과 나쁜 칭찬이 있음을 감안해야 한다. 연구 결과에 따르면 아이의 방법, 노력, 과정 등을 칭찬하는 것은 아이의 흥미를 유지시키고 자율성에 도움이 된다. '어! 이거 어떻게 풀었어? 한번 설명해줄래?', '이 집은 독특한데. 왜 이렇게 그렸어?', '네가 그렇게 직접 이야기를 만드니까 더 재미있는데!'라는 식으로 과정을 칭찬하는 것이 좋다.

그에 비해 작은 성취에 대해서도 '너는 정말 똑똑해!', '넌 어쩌면 못하는 게 없니! 너는 최고야!', '넌 어떻게 남보다 다 잘하니. 대단해!' 와 같은 칭찬은 오히려 아이에게 해가 될 수 있다. 자신이 잘못했을 때 이를 이겨낼 수 있는 힘을 기를 수 없기 때문이다.

내 안의 자율성을 깨우는 5가지 질문

1. 이것은 나의 선택인가? (자율성)

자신의 활동을 스스로 결정하고 주도할 때 자발성이 생긴다. 특히 업무, 시간, 기술, 팀의 4가지 요소에서 자율성이 필요하다. 즉 무엇을, 언제, 어떻게, 누구와 할 것인지를 스스로 결정할수록 동기부여가 된다.

2. 어떻게 하면 더 잘할 수 있을까? (유능함)

더 잘하고 싶다는 향상심을 가지고 실력이 나아지고 있다는 성취감을 얻을 때 동기부여가 된다.

3. 나는 이것을 왜 하는가? (목적성)

내적 동기가 강할수록 우리는 능동적으로 한다. 이를 위해서는 현재의 일에 가치와 의미가 담겨 있어야 한다.

4. 나에게 맞는 방식은 무엇일까? (자기화)

앎이 자기화되고, 자신에게 맞는 방식으로 일을 풀어갈 수 있을 때 우리는 그 일을 오래 할 수 있다.

5. 이 일을 통해 어떻게 사람들과 연결될 수 있을까? (관계성)

혼자가 아니라 다른 사람과 함께할 때, 나만을 위해서가 아니라 우리를 위해서라고 느낄 때 능동적이고 지속적으로 행동할 수 있다.

스스로 살아가기 위한 5가지 법칙

자율성 실전지침

삶은 당신이 만드는 것이다.

이전에도 그랬고, 앞으로도 그럴 것이다.

-그랜드마 모지스Grandma Moses

나를 움직이는 힘을
파악하라

죽음을 가까이 느끼면 껍데기는 날아가고 알맹이가 보인다.

스스로 살아가려면·자신을 움직이는 힘이 무엇인지를 잘 알아야 한다. 자신이 무엇을 원하는지, 자신에게 무엇이 중요한지, 자신이 가지고 있는 것은 무엇인지를 알아야 한다. 삶을 스스로 살아갈 수 없는 것은 꼭 방향과 열정이 없어서만은 아니다. 자신을 잘 알지 못하는 것도 큰 이유다. 방향은 현재라는 점과 미래라는 점을 연결할 때 생긴다. 미래의 점을 어디에 찍을 것인지도 중요하지만 내가 지금 어디에서 무엇을 가지고 살아가는지를 아는 것이 꼭 필요하다.

우리는 인생을 흔히 여행에 비유한다. 스스로의 힘으로 살아가는 사람들을 여행에 비유하면 자유 여행을 떠나는 사람들이다. 패키지 여행과 같은 규격화된 방식을 거부하고 스스로 계획하고 움직이는 여행을 하는 사람들이다. 그 여행에 꼭 혼자 갈 필요는 없다. 늘 걸어다닐 필요도 없다. 남들이 안 가는 곳으로 갈 필요는 더욱더 없다. 자신이 원하고 자신에게 맞는 길을 가면 된다. 그렇기 때문에 자신에게 잘 맞고 원하는 것이 무엇인지를 아는 것이 꼭 필요하다.

나는 왜 살아야 하는가

대한민국은 오디션이 한창이다. 청소년들은 각종 오디션 프로그램에 열광한다. 그런데 만일 가수를 뽑는 것이 아니라 10년을 더 오래 살 수 있는 티켓을 주는 오디션이 있다면 어떨까? 자신이 10년 더 살아야 할 이유를 5분에 걸쳐 심사 위원이나 관객 앞에 이야기해야 한다고 해보자. 당신은 과연 어떤 이야기를 할까?

자율성 훈련 워크숍을 할 때 이와 비슷한 상황극을 할 때가 있다. 자신이 왜 살아야 하는지 스스로 아는 것이 중요하기 때문이다. 이를 잘 알려면 죽음과 가까워지는 것이 필요하다. 죽음 앞에서만 우리는 가장 중요한 것이 무엇인지를 만날 수 있기 때문이다.

자, 글을 읽으면서 상상을 해보자. 중간에 잠시 눈을 감아도 좋다. 끔찍한 상상이지만 당신이 오늘 아무 예고도 없이 갑작스럽게 죽었다고 해보자. 어떻게 해볼 틈도 없이 순식간에 죽은 것이다. 억울할 것이다. 지금 당신은 병원 영안실에 누워 있다. 연락을 받은 사람들이 삼삼오오 몰려든다. 누가 보이는가? 영안실에 모인 사람들이 당신의 죽음에 대해 어떻게 이야기하고 있는가? 억울함과 슬픔과 혼란을 뒤로 하고 이제 당신은 이승과 저승의 중간 지대인 염라국으로 향한다. 그런데 다행인 것은 이 염라국에는 부활의 기회가 있다. 자신이 왜 다시 살아나야 하는지를 5분에 걸쳐 이야기할 수 있는 자리가 있다. 자신이 왜 살아야 하는지 저승사자를 설득할 수 있다면 다시 살 수 있는 부활의 티켓이 주어진다. 당신은 이제 어떻게 할 것인가? 어떤 이유로 당신이 다시 살아야 함을 이야기할 것인가?

사람들과 이 상황극을 해보면 자신에게 중요한 것이 무엇인지를 다시 한 번 생각해보게 된다. 자신의 삶을 지탱하는 강한 욕망이 무엇인지를 좀 더 깊이 들여다볼 수 있게 된다. 늘 하고 싶은 일을 미루기만 했는데 며칠만이라도 하고 싶은 일을 했으면 좋겠다는 사람도 있고, 가족에게 사랑한다는 말 한 번 제대로 하지 못해서 이대로 죽을 수 없다는 사람도 있고, 인생을 살아야 할 이유를 제대로 찾지 못한 채 죽는 것이 억울하다는 사람도 있다.

그런데 의외로 담담이 죽음을 받아들이겠다고 하는 사람들도 많다.

실제 상황이라면 다를 수도 있겠지만 굳이 더 살아야 할 이유가 없다는 것이다. 물론 이렇게 대답하는 사람들에게도 이 상황극은 자신의 삶을 돌아볼 중요한 기회인 것은 사실이다.

10년 전쯤 나는 산사에서 행해지는 명상 프로그램에 참여한 적이 있다. 4박 5일 동안 온전한 자기 대면의 시간을 갖는 것인데 그중 특히 기억나는 시간은 '독배(毒杯) 명상'이었다. 말 그대로 독이 든 잔이 앞에 있고 이를 마셔야 하는 상황에 놓였다고 가정한 채 명상에 잠기는 것이다.

우리는 눈을 감았다. 잔을 들어 마시라는 스님의 목소리가 들려왔다. 마치 저승사자의 부름처럼 느껴졌다. 무거운 침묵이 방 안 가득 흘렀다. 잔을 들 수 없는 이유가 무엇인지를 살펴보고 그 욕망을 버리라고 하였다. 이내 여기저기에서 긴 탄식과 흐느낌이 쏟아져나왔다. 방 안을 떠도는 감정의 거친 파동에 나의 마음도 예외일 수 없었다. 마음이 출렁거렸다. 생각은 계속 빙글빙글 돌고 있었다.

마실 것인가? 말 것인가? 나는 좀처럼 마실 수가 없었다. 마음에서 칡넝쿨처럼 피어나오는 삶의 욕망들이 내 손을 붙잡았다. 먼저 부모님 생각이 났다. 갑작스럽게 떠나버린 아들의 죽음 앞에 비통한 슬픔에 젖어 있을 부모님을 생각하니 가슴이 아렸다. 가상의 잔이지만 들 수 없었다.

하지만 시간이 지나자 그분들 역시 잘 이겨낼 거라는 믿음이 들었다. 다시 잔을 들려고 시도했다. 이번에는 어디선가 억울함이 한 뭉치 올라와 무거운 납덩이처럼 내 손을 잡아끌었다. 내가 이루고 싶은 욕망들이 하나둘씩 떠올랐다. 하지만 이 역시 시간이 지나자 점차 약해졌다. 계속해서 버릴 수 없는 것만은 아니었다.

'꼭 무엇을 이루어야만 하는 것일까? 세상에 억울하지 않은 죽음이 도대체 어디 있단 말인가! 왜 나만 예외가 되어야 한다고 생각하는가.' 욕심을 붙잡고 계속 그 정체를 들여다보고 캐물었다. 그러다 보니 욕심의 무게가 한결 가벼워지는 것 같았다. 실제라면 못했겠지만 나는 가상의 상황이 주는 안도감 때문에 다시 독배에 손을 내밀었다.

그 순간 내 손을 붙잡는 또 다른 손이 나타났다. 바로 아이와 아내의 손이었다. 당시 아내는 둘째를 임신중이었다. 내가 없더라도 아내와 아이들은 잘 지낼 수 있을 것이라고 되뇌었지만 그럴수록 마음이 복잡해졌다. 머리가 터질 것 같았다. 잔을 들 수가 없었다. 그때 어디선가 명상을 끝내라는 스님의 목소리가 들려왔다.

눈을 떴다. 나는 마시지 않았지만 많은 사람들은 마신 뒤였다. 사람들의 얼굴 표정은 다양했다. 어떤 이들은 아주 편안한 표정으로 행복한 미소를 짓고 있었고 어떤 이들은 이미 혼백이 되어 망각의 강을 건너버린 것처럼 무심한 표정이었다. 어떤 이들은 얼굴이 눈물로 범벅

되어 어깨를 들썩거리고 있었다. 어떤 이들은 욕망의 끈을 놓지 못했다는 진한 아쉬움이 얼굴에서 배어났다.

그 다양한 얼굴 표정에 담긴 의미는 달랐지만 우리는 그 시간을 통해 삶에서 정말 중요한 것이 무엇인지를 다시금 돌아보게 되었다. 나는 내게 진정 소중한 것이 무엇인지 알 수 있었다. 나의 꿈보다 더 소중한 것이 있다는 것을 가슴 깊이 느꼈다. 죽음에 가까워지자 쭉정이는 날아가고 알맹이가 보였다. 내가 살아가는 이유 중 가족만큼 강력한 이유는 없다는 것을 알게 되었다.

살다 보면 앞으로 어떻게 살아야 할지 막막할 때가 있다. 삶의 의지가 꺾여 한 발도 앞으로 나가기 어려울 때가 있다. 하고 싶은 것은 있지만 두려움에 휩싸여 움직이지 못할 때가 있다. 그럴 때는 오늘에서 내일을 볼 것이 아니라 죽음에서 삶을 바라보자. 어떻게 죽을지를 떠올려보자. 죽음은 늘 삶의 거품과 가짜 욕망을 걷어내준다. 덜 중요한 것과 더 중요한 것의 서열을 드러내준다. 삶에 절실함과 에너지를 불어넣어준다. 죽음은 당신에게 가장 중요한 것이 무엇인지를 알려줄 것이다.

원하는 삶을 살고 싶은 열정

나는 인생에서 열심히 산 시기가 2번 있었다. 내 나이 19세와 39세 때다. 두 시기 모두 누가 시키지 않았는데도 스스로 열심히 살았다. 첫 번째 시기는 고3 때다. 나는 중학교까지는 성적이 좋았는데 고등학교 들어가서 성적이 떨어지기 시작했다. 동아리 활동에 깊이 빠진 게 큰 이유였다. 부모님의 걱정과 야단도 커졌다. '공부해야지'라는 마음은 들었지만 늘 뒷전이었다. 그러다가 고등학교 2학년 하반기에 대학 입시가 끝난 날 동아리 선배들을 만났다. 내가 좋아하고 따랐던 선배들은 시험 결과가 좋지 않아서 얼굴에 근심이 가득했다. 그날이 되어서야 위기감이 들었다. 갑자기 불안해졌다. 이렇게 가다가는 나도 1년 뒤 후배들을 볼 자신이 없을 것만 같았다. 그러고 싶지 않았다. 우선 동아리 활동을 중단했다. 그리고 독서실을 다니기 시작했다. 누가 시킨 것도 아닌데 스스로 공부를 하기 시작한 것이다. 1년 동안 열심히 했다. 늦었다고 생각한 만큼 전력 질주를 한 것이다. 다행히 성적은 점점 나아졌다. 대학입시가 끝나고 다시 동아리에 나갔을 때는 마음이 뿌듯했다.

두 번째 시기는 39세 때다. 아무런 목표나 방향도 없이 하루하루 똑같은 삶을 반복하는 자신을 견디기 힘들었다. 돌아보니 스스로 원하는 삶을 찾아본 적이 없었다. 뒤늦은 방황과 고민 끝에 정신적 질환을 치유하는 의사를 넘어서서 정신적 질환을 예방하는 의사가 되고 싶었다. 마음을 치료하기보다 마음을 훈련할 수 있도록 돕는 데 내 인생의 방향을 두기로 했다. 내 인생 처음으로 내 삶을 내가 이끌기로 단단히 마음먹었다.

그리고 생애 전환의 준비를 위해 구본형 변화경영연구소 연구원 과정에 지원했다. 그 과정은 삶의 변화를 원하는 사람들과 함께 인문학 책을 읽고 글을 쓰는 1년의 과정이었다. 매주 한 권의 책을 읽고 서평을 쓰고, 한 꼭지의 칼럼을 쓰고, 공통의 연구 주제를 정해 토론을 했다. 일하면서 연구원 과정을 해내는 것은 쉬운 일이 아니었다. 하지만 내가 가고자 하는 방향과 목표가 세워지자 그에 따르는 불편은 크게 문제되지 않았다. 아니, 오히려 자발적으로 감수한 불편은 즐거움의 재료가 된다는 것을 깨달았다. 잠자는 시간도 부족하고, 친구 만나고 술 마실 시간도 줄었지만 내가 하고 싶은 것을 한다는 기쁨은 이를 상쇄하고도 남았다.

돌아보면 2005년과 2006년에는 시간만 나면 책을 보고 글을 썼다. 어디를 가든 메모장을 들고 다녔고 생각이 나면 기록을 했다. 가끔씩 찾아간 남산도서관에서 문이 닫힐 때까지 책을 읽고 밤길을 내려올 때의 그 느낌은 지금도 잊히지 않는다.

이렇듯 두 시기를 참 열심히 살았는데 자세히 보면 큰 차이가 있다. 19세 때 나를 움직인 것은 '위기감'이었다. 이대로 가다가는 대학도 못 들어가고 후배들 앞에 면목이 서지 못할 것이라는 위기감이 나를 움직였다. 안타깝게도 왜 공부를 해야 하는지, 공부를 통해 무엇을 이루고자 하는 것인지 방향과 목표는 없었다. 그렇기 때문에 고등학교를 졸업하고 나서는 완전히 풀어져버렸다. 부모님이 시키는 대로 의대에 진학했지만 한동안 방황과 무질서의 생활이 이어졌다.

그에 비해 39세 때 나를 움직인 힘은 '자율성'이었다. 지금까지 주어진 인생만 살아왔는데 이제는 원하는 삶을 위해 살아가야겠다는 열정이 있었다. 고민이 컸지만 스스로 정한 방향과 목표가 있었기에 더 열심히 할 수 있었다. 불확실함으로 인한 두려움이 컸지만 내가 내 삶을 이끌어간다는 기쁨이 그 두려움을 감싸고도 남았다. 시키는 일을 하고 주어진 삶을 살아갈 때는 결코 느껴보지 못한 기분이었다.

당신의 인생에서 열심히 살았던 시기를 살펴보자. 스스로 결심한 순간을 떠올려보라. 그 순간들을 잘 들춰보라. 과연 당신은 뭔가를 더 많이 알아서였을까? 아니면 뭔가를 느끼거나 깨닫게 된 것일까?

나를 움직이는 힘은 무엇인가?

지금까지 당신의 인생에서 가장 열심히 살았던 시기는 언제인가? 그 시기에 당신은 무엇을 하고 있었나? 그 당시 목표는 무엇이었으며 어떻게 실천했는가? 거기에는 당신이 중요하다고 생각하는 어떤 가치가 내포되어 있었나? 그 당시 어려움에 부딪히거나 마음이 흐트러졌을 때 어떻게 생각하고 대처했는가? 그 당시 열심히 살았다면 어떤 이유 때문이었나? 당신이 생각하는 내외부의 요소를 분석하고 평가해보라.

1) 시기

2) 목표와 행동

3) 나를 움직이는 힘 (123~141쪽 참조)

- 욕구 :

- 감정 :

- 인지 :

4) 어려울 때 마음가짐과 대처 방식

5) 열심히 살았던 내외부의 이유

생각의 힘을
키워라

자기 세계는 자기 철학에서 비롯된다. 자기 철학은 비판적 사고를 통해 만들어진다. 우리는 애초에 세상과 사람과 자신에 대한 어떤 믿음도 가지고 태어나지 않았다. 모두 세상을 살아가면서 만들어진 것이다. 그러므로 자신의 생각을 가진다는 것은 자신이 왜 이런 생각과 믿음을 갖게 되었는지 비판적으로 성찰할 수 있어야 한다. 자신의 생각이나 기준, 가치관이 왜 생겨났는지, 어디서부터 왔는지, 자신에게 적합한 것인지, 그리고 앞으로도 그렇게 생각하고 살아가야 하는지 의문을 가져야 한다. 자신의 믿음에 대해 의문을 품을 수 있을 때 우리는 비로소 자율적으로 사고하고 자율적으로 살아갈 수 있다.

당연하게 여긴 생각에 의문을 품어라

늘 심각한 사람들이 있다. 이들의 마음을 가만히 들여다보면 '~을 해야 한다', '어떤 내가 되어야 한다', '어떻게 살아야 한다'와 같은 수많은 기준들이 낚시 바늘처럼 그 사람을 꿰고 있다. 어떤 경우에는 '아무리 아파도 회사는 가야 한다', '남에게 절대 피해를 줘서는 안 된다', '나는 뭐든지 잘해야 한다'와 같이 무척 경직되거나 가혹한 기준도 있다. 이들은 흔히 이러한 기준에 부합해야만 자신을 인정할 수 있다고 생각하고, 그렇지 못하면 자신을 단죄하곤 한다.

그런데 도대체 이런 기준과 마음은 어디에서 온 것일까? 과연 그 사람의 생각일까? 미술가 안규철의 《그 남자의 가방》이라는 책을 보면 이런 구절이 나온다.

"어느 날 문득 내가 너무 교훈적인 인간이 아닌가 하는 자문을 하게 되었다. 남들 앞에서 늘 도덕적이고 모범적인 존재가 되어야 한다는 생각, 모든 일을 잘해야 하고 그중에서도 특히 중요한 일들을 잘하겠다는 생각, 타의 모범이 되고 교훈이 되겠다는 생각에 대해서 나는 이제까지 한 번도 의문을 가져보지 않았다. 혹 이런 것들이 나의 잘못이 아니었나 하는 반성을 이 나이가 되어서야 비로소 해본다."

그동안 당연하게 생각했던 자신의 생각에 대해 스스로 의문을 품게 된 것이다. 그러한 의문이 깊어지고 반복되면 기존의 믿음은 약해지고 새로운 생각이 움터 나온다. 기계적인 믿음이 아니라 진짜 자기 생각이 만들어지는 것이다. 자기 생각이 모이면 자기 철학이 되고 그것이 자기 세계를 이룬다. 이렇게 비판적 사고를 통해 만들어진 자기 철학은 자기 운동의 엔진이 되고 자율성의 심장이 된다. 그렇기 때문에 우선 자신의 생각과 믿음에 대한 관찰이 필요하다.

자율은 행위가 자신의 사고와 욕구와 의지에 부합하는가 여부에 따라 구분해볼 수 있다. 그런데 자신의 사고나 욕구라는 것이 실은 무비판적으로 사회화되어 있다. 그래서 자율성을 위해서는 '이것은 나의 생각인가?', '이것은 나에게 맞는가?'라는 질문을 해야 한다. 이러한 질문이 비판적 사유를 촉발시킨다. 자신이 생각의 주체가 되는 것이야말로 자율적 삶의 가장 튼튼한 토대가 된다. 물론 많은 사람들이 자신의 생각을 가지고 인생을 살아간다고 생각한다. 하지만 지금 가지고 있는 자신의 생각이나 신념이 진정한 의미에서 자신의 생각인지를 고민해봐야 한다. 우리 자신은 가족과 사회 안에서 끊임없이 의식화되고 사회화되어 왔기 때문에 자율적인 삶을 위해서는 자신의 생각조차도 비판의 대상으로 삼고 자신의 생각을 걸러내고 재정립하는 것이 꼭 필요하다.

더 나은 생각은 비판적 사고를 통해 나온다

비판적 사고란 무엇일까? 우리는 흔히 비판이라고 하면 다른 사람에 대해 하는 것이라고 생각한다. 하지만 비판은 내외부를 아우르는 것이다. 만일 누군가 자신의 생각에 대해서는 비판하지 않으면서 다른 사람에 대해서만 비판한다면 이는 자기 중심적 사고일 뿐이다. 사고의 비판 기능이 제대로 작동되어야 우리는 합리적이고, 문제 해결을 지향하고, 현실적으로 살아갈 수 있다. 그리고 무엇보다 스스로 판단하고 행동할 수 있다.

그런데 우리는 흔히 '비판적critical'이라는 말을 '부정적'이라는 말과 동일하게 생각하는 경향이 있다. '너 왜 이렇게 비판적이야!'라고 이야기하는 것은 비판을 부정적인 의미로 받아들이기 때문이다. 그러나 비판적이라는 말은 부정적이라는 말과 엄연히 다르다. 부정적이라는 말의 반대어는 '긍정적'이지만 비판적이라는 말의 반대어는 '무비판적' 혹은 '맹목적'이라는 말이다.

비판적이라는 말은 어떤 주장이나 생각에 대해 여러 가능성을 염두에 두고 분석하고 종합적으로 보려는 능동적 사고를 말한다. 이는 '논리적'이라는 말과도 차이가 있다. 논리적이라는 말은 사고의 과정에 초점이 맞춰져 있다면 비판적 사고는 사고의 출발에 있는 무의식적 전제와 숨어 있는 가정에 대해서까지 새롭게 생각하는 것을 말한다.

상담을 해보면 비슷한 문제를 가지고 고민하지만 사람마다 변화의 속도는 꽤 차이가 난다는 것을 알 수 있다. 여러 가지 요소가 영향을 미치지만 중요한 이유 중 하나는 자신의 생각에 대해 비판적 사고를 할 수 있느냐의 여부다. 근본적인 치유란 자신과 세상과 사람들을 바라보는 내면의 가정과 전제가 바뀌는 것을 의미하기 때문이다.

변화가 쉽지 않은 이들은 세상이나 과거의 경험으로부터 주입되거나 일반화시킨 가정과 전제를 움켜쥐고 놓지 않으려고 한다. 누군가 '나는 좋은 대학교를 나오지 못했기 때문에 못난 사람이야', '얼굴에 여드름 자국이 있어서 사람들이 나를 싫어해'라며 자신을 계속 미워하고 가치 없다고 생각하는 사람들이 있다. 이들은 그러한 문제를 바로 자신과 동일시하며 분리하지 못한다. 이들은 자신의 인격적 가치를 학력 수준이나 피부의 좋고 나쁨에 견주어 판단하는 기준을 날 때부터 가지고 나왔는가! 단 한 사람도 그렇지 않다. 아주 제한된 대인관계의 경험을 통해 이런 생각을 가지게 된 것이다. 똑같은 문제를 가지고 있거나 더 심한데도 이를 인간적인 약점 정도로 생각하고 별 어려움 없이 살아가는 사람들이 오히려 많다. 문제를 바라보는 관점과 태도의 차이 때문이다.

그렇지만 사람마다 차이는 있을지라도 결국 진실을 보려는 비판적 사유를 통해 조금씩 벗어날 수 있다. '과연 피부가 나쁘다는 이유 하나만으로 사람들이 나를 싫어한다고 생각하는 것이 맞는가? 나는 피부가 안 좋은 사람을 그런 식으로 보는가? 만일 그런 사람이 있다면 나는 그 사람을 어떻게 생각해야 하는가?' 이러한 비판적 사유는 과거의 부정적 경험에 갇혀 지나친 일반화에 빠져 있는 우리 자신으로 하여금 보다 객관적인 진실을 바라보게 한다.

더 나은 삶은 더 나은 생각에서 비롯된다. 그리고 더 나은 생각은 비판적 사고를 통해서 얻을 수 있다. 자신의 사고와 그 전제와 가정을 살펴보고 왜 그렇게 생각하게 되었는지, 그것이 사실인지, 그 생각이 삶과 관계에 어떤 영향을 미치는지를 비판적으로 생각해봐야 한다.

비판적 사고를 키우려면?

1) 소크라테스의 문답법을 활용하라

고대 그리스 철학의 시조라고 할 수 있는 소크라테스는 거리의 사람들에게 질문을 던지며 철학적 대화를 나눴다. 그 대화의 특징은 사람들이 자신의 생각에 대해 생각하게 하였다. 스스로 무지를 깨닫고 앎을 얻을 수 있도록 한 것이다.

"사물의 본질은 무엇인가?", "그 의미는 무엇인가?"라는 문답을 통해 상대에게 그가 알고 있다고 생각하는 것에 대해 그 개념을 정의하도록 했다. 개별적인 경험에 기초한 상대방의 견해에 대하여 보편적 개념을 이야기하도록 함으로써 잘못된 믿음을 지각하고 진정한 앎을 향해 나아가도록 했다. 소크라테스는 문답법이야말로 진정한 앎을 낳아주는 산파라고 보았다.

이를 자율성 훈련에 어떻게 적용해볼 수 있을까? 자율성은 스스로 고민하고 생각하는 힘을 키우지 않으면 안 된다. 특히 자신의 생각에 대한 관찰을 통해 그 전제를 찾아가는 과정이 꼭 필요하다. 이를 위해 상대방의 의견에 무조건 동조하거나 자신의 생각이나 목표에 아무 의문 없이 살아가고 있다면 우선 멈춰야 한다. 행동도 습관이지만 생각도 습관이기 때문이다. 멈췄다면 이제 자기 생각의 맡바탕이 되는 전제나 기준을 살펴보자.

예를 들어 동료들과 이야기하다가 무언가를 잘못 알고 있었던 것이 드러났다고 해보자. 누군가 정정해주었는데 너무 창피하고 헤어지고 난 후에도 자책하고 있는 사람이 있다고 해보자. 그렇다면 표면적인 생각으로부터 출발해서 마음 안에 어떤 전제를 가지고 있는지 생각해볼 필요가 있다. 양파 껍질을 벗겨나가듯 중심으로 파고드는 질문을 던져보자.

'사람들 앞에서 실수한 것은 너무 창피한 일이야'라는 생각을 가지고 있다면 '실수하는 것이 나에게는 어떤 의미인가?', '나는 왜 실수하면 안 된다고 생각하는가?'라는 질문을 통해 그 생각 너머를 살펴보는 것이다. 그 질문에 대해 '실수하면 사람들이 나를 우습게 생각할 거야. 나를 싫어할지도 몰라'라는 생각이 떠올랐다면 또 묻는다. '실수한다고 해서 나를 우습게 본다고 생각하는 것은 사실인가? 다수가 그렇게 생각할 것인가? 만일 그 실수로 인해 나를 우습게 보는 사람이 있다면 나는 어떨 것 같은가?' 이에 대해 '나를 싫어할 것 같아 견딜 수 없을 것이다'라는 생각이 떠올랐다면 또 묻는다. '누군가 나를 싫어하는 사람이 있다면 나는 과연 견딜 수 없는 것인가? 나도 싫어하는 사람이 있는 것처럼 다른 사람도 나를 싫어할 수 있는 것 아닌가?'라고 질문이 이어질 수도 있을 것이다.

이런 식으로 '과연 그 생각이 사실인가?', '그렇다면 그 의미가 무엇인가?', '나는 왜 그렇게 생각하게 되었는가?' 등의 질문을 통해 자신의 전제를 계속 살펴본다. 이 과정을 통해 주관적 사고에서 벗어나 객관적으로 사고할 수 있는 단초가 생긴다. 이는 자신의 잘못된 전제에 대해 다시 생각해보는 계기가 될 수 있다. 머릿속으로 하는 것보다 노트에 기록하면 더욱 효과적이다.

2) 대담식 독서를 하라

독서만큼 사고를 키울 수 있는 방법은 없다. 다른 사람의 관점과 태도를 통해 자신의 생각과 삶을 들여다보는 것은 좋은 비판적 사고 훈련이다. 다만 그 주장에 대해 그냥 동조하며 책을 읽는 것이 아니라 자신의 관점에서 재해석하는 과정이 필요하다.

비판적 사고를 위한 책 읽기는 속독이 아니라 '숙독'이어야 한다. 이왕이면 책의 저자와 이야기를 나누면서 책을 읽어보자. '이 부분은 나와 생각이 다르군요. 나는 이렇게 생각하는데요?'라는 식으로 대화를 나누듯 책을 읽어보자. 일방적인 흡수가 아니라 상호 침투가 일어나는 과정이 있어야 비판적 사고를 훈련할 수 있다.

이를 위해서 꼭 권하고 싶은 방식이 있다. 책 읽기에 그치는 것이 아니라 자신의 생각과 판단이 담긴 서평을 쓰는 것이다. 나는 구본형 변화경영연구소에서 연구원 과정을 할 때 1년 동안 이렇게 책을 읽고 서평을 쓰는 훈련을 했다. 특히 서평에는 '내가 저자라면'이라는 부분을 꼭 남기도록 되어 있었다. 이는 자신이 저자와 다르게 어떤 형식으로 쓸지, 어떤 주장을 펼칠지 등 나름대로 자신의 견해를 담아보라는 것이다. 이를 위해 관련 서적을 찾아보거나 배경 지식이나 맥락을 더 깊이 파악하는 과정으로 자연스럽게 이어질 수 있어서 보다 깊이 있는 독서를 할 수 있었다. 아무리 대학자의 책이라거나 베스트셀러라도 이런 방식으로 책을 읽고 서평을 쓰다 보니 그냥 흡수되지 않고 내 방식대로 해당 주제에 대해 바라볼 수 있게 되었다. 이러한 방식은 생각의 힘을 키우는 데 많은 도움을 주었다.

능동적으로
선택하라

자율성은 스스로 선택하고 결정했을 때 발휘된다. 그렇기 때문에 자율적인 삶이란 스스로 선택하는 삶의 비중이 선택당하는 삶의 비중보다 큰 것을 말한다. 그러므로 자율성 훈련은 스스로 선택하는 삶의 순간을 더 늘려나가는 것이다. 사실 결정하는 것도 능력이고 훈련이다. 안 하다 보면 점점 안 하게 된다. 그리고 점차 자신이 원하는 것이 무엇인지 잊게 된다. 결정을 남에게 맡기다 보면 나중에는 정말 혼자서는 어떤 결정도 못하게 된다. 이는 자신의 마음을 잘 몰라서 선택할 수 없었다고 생각하기 쉽지만 자신이 스스로 선택을 하지 않았기 때문에 무엇을 좋아하는지 모르게 되었다고 볼 수 있다. 왜냐하면 우리는 선택을 통해 자신에게 정말 중요한 것이 무엇인지, 정말 좋아하는 것이 무엇인지를 점점 알아가기 때문이다. 자율성을 높이려면 능동적으로 선택해야 한다.

그렇다면 자기결정력을 향상시키기 위해서 어떤 마음가짐이 필요할까?

첫째, 최고의 결정을 위해 애쓰지 말고 최선의 결과를 위해 노력하라

결정을 잘 못하는 사람들의 공통점 중 하나는 최고의 결정을 하려는 것이다. 모든 결정은 아쉬움을 남긴다. 그것이 선택과 결정의 본질이기 때문이다. 곰곰이 생각해보자. 과연 세상에 '후회 없는 결정'이라는 것이 있을 수 있는가? 이는 '노력 없는 성공'과 다름없다. 그러므로 '후회 없는 결정'을 하려는 당신의 마음이야말로 미룸의 원천이다. 명심하라! 세상에 후회 없는 결정은 없다는 것을.

그렇다면 좋은 결정은 무엇인가? 최고의 결정은 자신이 선택한 것을 즐기고 그 선택이 최상의 결과로 이어지도록 최선의 노력을 기울였을 때 찾아온다. 최고의 결정은 선택의 순간이 아니라 선택 후 과정에 붙일 수 있는 이름이다. 선택의 마감 시한을 정하고 선택한 뒤 최상의 결과가 나오도록 노력하는 마음가짐이 꼭 필요하다.

결정은 중요하다. 그러나 더 중요한 것은 시작하는 것이고 내가 하고자 한 것을 하는 것이다.

둘째, 선택의 가짓수를 조절하고 때로는 선택 상황을 제한하라

선택의 포물선 효과를 기억하라. 우리는 선택의 폭이 너무 적어도 선택의 폭이 너무 넓어도 스트레스를 받는다. 선택의 폭이 너무 좁으면 불만이고, 선택의 폭을 무한정 넓히면 결국 선택을 못하게 된다.

그리고 삶의 모든 상황을 선택으로 열어두는 것은 피곤하고 어리석은 일이다. 어떤 일들은 선택의 상황을 제한하여 규칙으로 정해둘 필요가 있다. 하루 3번 식후 이 닦기처럼. 예를 들어 5만 원 이하의 제품을 인터넷으로 구매할 때는 상품평이 가장 많은 제품 3가지 중에서 비교하여 구매한다거나 옷을 고를 때는 5개 이하의 매장을 둘러보고 선택하겠다는 자신만의 기준을 마련해야 한다.

셋째, 경험과 선택을 통해 자신의 가치와 취향을 파악하자

결정을 잘하려면 자기 이해가 대단히 중요하다. 지금까지의 선택과 경험을 통해 자신의 가치와 취향을 파악해야 한다. 예를 들어 어떤 운동을 할지 잘 판단이 안 선다면 지금까지 했던 운동들을 떠올리며 가장 즐거웠던 운동이 무엇이었는지 생각해보고 연관된 운동을 고르면 된다. 새로운 경험을 하고 싶은데 자꾸 주저하게 된다면 미리 체험해보고 판단하는 것도 좋다.

중요한 결정도 마찬가지다. 제주도에 내려가서 살지 말지 고민이라면 제주도에 가서 한 달 동안 살아보는 것이다. 식당 창업이 고민이라면 일단 식당 일부터 배워보면서 판단해도 된다. 생각으로 자신을 이해하려 하지 말고 경험을 통해 이해하려는 것이 중요하다.

인생은 결정의 연속이다. 그중에서도 가장 중요한 것은 바로 자신의 인생을 받아들이는 선택이다. 자신이 태어난 데에 나의 의사는 전혀 반영되지 않았고, 인생의 조건을 결정하는 데 아무것도 선택하지 않았기 때문에 인생은 내 것이 아니라고 생각하는가? 가장 중요한 선택은 불공평하고 수동적으로 시작한 삶을 받아들이고 사랑하는 것이다. 삶을 자신의 것으로 온전히 받아들일 때 우리는 비로소 자율적인 존재가 되어 스스로의 힘으로 살아갈 수 있다.

전 휴렛팩커드 CEO를 지낸 칼리 피오리나Carly Fiorina는 우리에게 이런 말을 남겼다.

"누구든지 자신의 처지를 선택하지는 못할지언정 그 처지에 대한 반응은 선택할 수 있다. 다시 말해 부모나 가정 환경은 고를 수 없다고 하더라도 나는 그 이상이 되겠다고 선택할 수는 있다는 얘기다. 선택을 그만두는 것이야말로 죽어가는 것이다."

선택 일지를 써라

선택 능력은 훈련과 경험을 통해 길러진다. 사소한 것이라도 매일 작은 선택을 하는 습관을 들이는 것이 중요하다. 식사 메뉴여도 좋고 텔레비전 채널이어도 좋다. 자신이 원하는 것에 초점을 두고 능동적으로 선택하는 연습을 해보자.

그런데 꼭 고르는 것만이 선택이 아니라 안 하는 것도 선택일 수 있다. 오늘 몸이 안 좋아서 집에서 쉬기로 했다면 그 역시 선택이다. 친구가 부탁을 했는데 개인적인 사정이 있어 거절하는 것도 선택이다. 인간관계에서는 '아니오'라거나 '생각 좀 해볼게'라는 것이 오히려 '예'라고 답하는 것보다 능동적 선택인 경우가 많다.

복잡하게 생각할 필요 없다. 오늘 날짜와 작은 선택들을 쓰고 그에 대한 간단한 느낌을 기록하면 된다.

날짜	스스로 선택한 일	느낌과 평가
7월 27일	오랫동안 연락이 안 되던 친구가 생각나 전화로 안부를 물었다.	친구는 하는 일이 잘 안 되어 의기소침해 있었는데 내가 전화해줘서 매우 고마워하는 것 같았다. 먼저 전화하길 잘했다는 생각이 든다.

중요도 동기를 부여하라

하기 싫은 일이라도 의미와 가치를 부여하는 순간 추동력이 생긴다.

자율적으로 행동하려면 자신의 행위에 대해 가치를 연결하고 의미를 부여해야 한다. 이때 가치를 '연결'하는 것이지 억지로 가치를 만드는 것은 아니다. 아무리 하기 싫은 일이라도 그 행위 자체가 스스로에게 의미 부여가 되면 우리는 자율적으로 행동할 수 있다.

게다가 의미와 가치가 들어 있는 '중요도 동기'는 외적 동기를 내적 동기로 바꿔줄 수 있는 디딤돌이 된다. 원래 몸 움직이는 것을 싫어해서 운동을 하지 않는 사람이라 하더라도 만성 질환이나 심각한 질병에 걸리면 운동을 한다. 마지못해 하는 것이 아니라 기꺼이 한다. 그것은 '건강하게 사는 삶'이라는 가치가 그 사람에게 상위 가치로 올라섰다는 것을 말하고, 건강을 위해 운동하는 것이 충분한 의미 부여가 되었기 때문이다. 그리고 처음에는 건강을 위해 시작한 운동이 어느 순간 하루를 기쁘게 하고 삶을 풍요롭게 하는 즐거움으로 바뀌기도 한다.

중요도 동기를 가지려면 우리는 자신의 중심 가치를 잘 알아야 한다. 가치를 알고 이를 현재의 일에 연결할 수 있을 때 그 일은 의미를 가질 수 있다.

자신의 불만을 들여다보라

자신의 중심 가치를 알려면 역발상이 필요하다. 자신의 불만을 들여다보는 것이다. 자신의 삶에 중요한 가치가 빠져 있고 의미를 느끼지 못하기 때문에 우리는 불만을 느끼는 것이다.

나는 2002년과 2003년에 삶의 불만 지수가 가장 높았다. 그 당시 선배로부터 이어받은 개인 의원을 운영하고 있었다. 경제적인 측면에서는 안정적이었는데 점점 무기력해지고 의욕을 잃어갔다. 처음에는 잘 몰랐다. 그런데 가만히 들여다보니 크게 2가지 핵심적인 불만을 느끼고 있었다.

첫째, 시간을 마음대로 쓸 수 없었다. 예약제가 아니다 보니 늘 언제 누가 올지 몰라 자리를 비울 수가 없었다. 중간에 시간이 비어도 언제 환자가 올지 예측할 수 없어서 책을 차분히 읽는 것도 쉽지 않았다. 시간을 스스로 통제할 수 없다는 것이 너무나 나를 답답하게 했다.

둘째, 약물 치료 위주의 진료 방식이 마음에 들지 않았다. 돌아보면 나는 내 자신이 정신적으로 힘들어서 정신과 의사가 되었기 때문에 다른 사람들의 변화와 성장에 기여하고픈 마음이 컸다. 그런데 약물 치료만으로는 그러한 욕구가 채워지지 않았고 오히려 하루에 몇 명을 진료하느냐에 점점 치우치게 되었다.

나에게 중요한 가치는 시간을 계획적으로 쓰고 싶은 것과 사람의 변화와 성장에 기여하고픈 것이었다. 그런데 내가 중요하다고 생각하는 삶의 2가지 중심 가치가 배제되어 있었기 때문에 의욕을 잃어가고 힘들었던 것이다. 이렇게 불만을 알고 그 불만을 통해 나의 삶에 중요한 가치가 무엇인지를 알게 되자 '이제 어떻게 할 것인가?'라는 문제로 고민은 옮겨갔다. 나는 더 늦기 전에 내 삶에 2가지 가치를 연결시키고 싶었다. 시간을 통제하고 싶었고, 다른 사람들의 성장에 도움이 되는 삶을 살고 싶었다. 그리고 그러한 가치를 어떻게 내 일과 연결시킬 수 있을지 깊이 고민했다.

고민 끝에 나는 치료의 영역을 넘어 정신 건강을 예방하고 향상시키는 전문가가 되기로 했다. 난생처음 내가 원하는 삶을 위해 도전해보자는 마음이 생긴 것이다. 그때는 비록 그 시도가 현실의 벽에 부딪혀 뜻대로 되지 않는다고 하더라도 시도 자체만으로도 만족할 수 있을 것만 같았다. 자신의 가치를 실현시키는 삶에는 패배란 말이 성립되지 않는다. 그 자체로 충분히 의미 있는 도전이다. 평생 도전이라고는 모르고 살아왔던 겁 많은 내가 그때만큼은 용기가 솟아났다. 그것이 바로 가치가 담긴 비전의 힘이리라!

자신의 중심 가치를 알고 싶은가? 그렇다면 자신의 불만을 들여다보라. 아주 주의 깊게!

내 삶의 가치와 목적을 선택하라

당신은 산 정상에 올라가는 길에 내리막길을 만나면 어떤 느낌이 드는가? 목표 중심적인 사람은 기운이 빠진다. '기껏 여기까지 올라왔는데 다시 내려가야 해? 내려간 만큼 또 올라와야 하잖아'라는 마음이 절로 든다. 이 사람은 오직 정상에 빨리 올라가는 것만이 중요하다. 하지만 가치 지향적인 사람은 다르다. 산을 빨리 오르는 것보다 산 자체가 좋기 때문에 과정을 즐길 줄 안다. 즉 가치 지향적인 사람에게 내리막길은 방해물이 아니라 정상에 오르기 위한 하나의 과정이다. 오히려 '내리막길이네. 좀 쉬어가면서 힘을 다시 보충해볼까?'라는 마음이 들 수 있다.

목표는 도달하면 끝이지만 가치는 방향이라서 끝이 없다. 가치 중심적인 사람에게는 실패도 없고 끝도 없다. 가치란 추구하느냐 추구하지 않느냐로 나뉘는 것이지, 성공과 실패로 나뉘지 않기 때문이다. 가치 중심적인 사람들은 삶을 살아가면서 겪는 어려움을 기꺼이 받아들일 줄 알기 때문에 자율적이다. 가치 추구에 따른 불편을 억지로 받아들이는 것이 아니라 기꺼이 받아들일 줄 안다. 이들은 '중요함'과 '의미'를 가지고 있기 때문에 '자기 규율'의 능력이 있다. 그래서 지금 당장 하고 싶은 욕구에 끌려다니지 않는다. 자신에게 중요한 것이 있기 때문에 이를 위해서 덜 중요한 것을 포기하거나 미룰 줄 안다.

그리고 중요한 것을 추구하는 데 따르는 불편을 기꺼이 감수한다. 건강하게 사는 것이 중요한 가치라고 한다면 불편함이 있더라도 운동을 하거나 절식한다. 누군가를 가르치는 것이 중요한 가치라면 상대방이 잘 이해하지 못한다고 짜증내기보다 어떻게 하면 잘 이해할 수 있을지 고민한다. 시간적 여유를 가지고 살아가는 것이 중요한 가치라면 급여나 평판을 내려놓고 시간적 여유가 있는 일터로 옮겨갈 수 있다.

그러므로 자기 규율은 명령이나 지시 혹은 의무나 당위 때문이 아니라 자신에게 무엇이 중요한지를 알 때 가능하다. 이들은 '나는 ~해야만 한다'가 아니라 '나에게는 ~이 중요하므로 ~을 할 거야'라는 보다 능동적인 선택을 한다.

부정적인 습관은 쉽게 만들어지지만 긍정적인 습관은 단순히 행동을 반복한다고 해서 생겨나지 않는다. 일관된 정체성이나 목적의식의 바탕 위에 자기 규율과 함께 이루어질 수 있다. 핵심 가치와 목적의 안정성이 그 사람에게 일관성을 부여하는 것이다.

자기 규율이 없는 자유는 무질서로 이어진다. 자유란 아무런 방해를 받지 않고 하고 싶은 대로 행동하는 것이 아니다. 본질적으로 자유란 행동의 자유가 아니라 목적과 방향에 있어서의 자유다. 나에게 중요한 목적과 가치에 따라 내가 살아가는 것을 말한다. 우리가 자율적으로, 즉 자신에게 부여한 법칙대로 행동한다는 것은 행동 그 자체가 목적이 된다는 뜻이다.

독일의 철학자 칸트는 "자율이란 주어진 목적에 맞는 최선의 선택을 하는 것이 아니라 목적 그 자체를 선택하는 것"이라고 했다. 우리는 매일 무엇을 먹을지, 어디로 놀러 갈지, 어떤 수업을 들을지, 무엇을 살지 수많은 선택의 순간에 놓여 있다. 여러 가지 선택 앞에서 내가 하고 싶은 선택을 많이 하는 것이 자율의 핵심은 아니다. 때로는 내가 선택했지만 그것이 내 삶의 문제로부터 회피하기 위한 선택이고, 문제를 더 심화시키는 선택이라면 이는 회피이고 방치다. 중요한 것은 내 삶의 가치와 목적을 선택하고 그것에 나의 행위를 일치시켜 가는 것이다. 우리는 이것을 자율이라 부른다.

당신의 중심 가치는 무엇인가?

단번에 자신의 중심 가치를 아는 것은 힘들다. 그러나 기본적으로 삶은 계속 질문을 하면 답을 준다. 그것도 점점 더 뚜렷한 답을 얻을 수 있다. 불만과 소망을 통해 중심 가치를 찾아보자. 이를 자신의 삶에 적극적으로 연결시켜보자. 그리고 할 수 있는 활동을 하자. 가치와 삶이 연결되면 당신은 보다 능동적으로 살 수 있다.

1) 불만을 통한 중심 가치 찾기

1. 자신의 삶(혹은 일)에 대한 만족도를 100점 만점 기준으로 점수를 매겨보라. ________ 점

2. 100점을 주지 못했다면 그 이유가 무엇인지 불만 요소를 나열해보자.

3. 그 불만을 관통하는 핵심 요소를 찾아 2~3가지로 정리해보자.

4. 그러한 불만을 뒤집어서 자신의 중심 가치를 정리해보자.

2) 소망을 통한 중심 가치 찾기

1. 자신이 인생에서 이루어졌으면 하는 구체적인 소망과 미래상을 떠올려보자. 관계, 일, 놀이나 취미 등 3~4가지 영역으로 나누어 적어보자.

	미래상
일	
관계	
놀이	

2. 스스로에게 질문을 던져보자.

"이 소망의 어떤 면이 나에게 만족을 주는가?"

"이 목표에는 어떤 가치가 담겨 있는가?"

사람마다 다르겠지만 여유로운 삶을 사는 것, 자연과 함께 하는 것, 어려운 이웃을 돕는 것, 새로운 지식을 익히는 것, 사회적 불평등을 해소하는 것 등 다양한 가치들이 있을 것이다. 그중에서 중복되는 가치가 있다면 그것이 중심 가치일 수 있다.

3. 중심 가치를 찾아보자.

여러 가지 소망을 통해 가치를 찾다 보면 몇 가지 중요한 가치가 나올 것이다. 그중에서 중심 가치를 찾는다. 가치가 없는 것도 문제지만 너무 많아서 가치의 우위를 구분할 수 없다면 이 역시 삶을 힘들게 한다. 정리된 가치들을 보면서 3~5개로 우선순위를 정해보자.

- 사람들이 흔히 이야기하는 중심 가치

다양성을 갖는 것	공부하고 배우는 것	자유롭게 사는 것
사회에 기여하는 것	도전하고 성취하는 것	삶의 조화를 이루는 것
자존감을 지키는 것	환경을 보호하는 것	어려운 이웃을 돕는 것
건강하게 사는 것	사회 제도를 개선하는 것	친밀한 관계를 맺는 것
예술과 함께 하는 것	즐겁게 사는 것	안정적으로 살아가는 것
자연과 하나 되는 것	신앙 안에 살아가는 것	가족의 행복을 추구하는 것
책임을 다하는 것	공정하고 바르게 사는 것	사람들의 존경을 받는 것
지혜롭게 사는 것	믿음과 신의를 지키는 것	다양한 경험을 쌓는 것
새로움을 추구하는 것	영향력을 발휘하는 것	독립적으로 살아가는 것
재능을 발휘하는 것	사람들의 성장을 돕는 것	아름다움을 가꾸는 것
마음이 평화로운 것	시간적으로 여유로운 것	이해하고 소통하는 것

3) 3가지로 중심 가치 정리해보기

자! 이제 지금껏 불만과 소망을 통해 찾아낸 가치를 정리하여 가장 핵심적인 가치 3가지를 정리해보자. 자신에게 앞으로 필요한 가치를 적는 것이 아니라 지금까지 당신의 삶에서 중요하게 여겨온 가치를 정리하는 것이다. 그래서 중심 가치라고 말하지만 정작 이를 이루기 위해 실천해온 노력이나 경험이 없다면 중심 가치라고 말하기 어려울 수도 있다. 예를 들어 '건강하게 사는 것'이 자신의 중심 가치이지만 정작 운동이나 건강 유지에 별다른 노력을 기울이지 않았거나 오히려 건강을 해치는 습관을 가지고 있다면 이는 중심 가치일 수 없다.

4) 자신의 삶에 중심 가치 연결하기

위 3가지 중심 가치를 자신의 삶에 연결시켜보자. 그 가치가 당신의 삶에서 중요하다면 더 미룰 이유가 없다. 지금 당장 당신의 삶에서 추구하는 것이 중요하다. 아래 표에 자신의 중심 가치를 적고 지금 무엇을 할 수 있는지 구체적으로 적어보자.

가치	내가 지금 할 수 있는 가치 활동
예) 건강하게 사는 것	아침식사 때 혼식하기 하루에 1.5리터 이상 물 마시기 마라톤 대회에 신청하기

의지력을 키워라

마술사이자 스턴트맨인 데이비드 블레인David Blaine은 2008년 4월 30일 '오프라 윈프리 쇼'를 통해 생중계된 도전에서 지구 모양의 아크릴 수조에 들어가 물속에서 17분 4초 동안이나 숨을 참았다. 지금은 그 기록이 깨졌지만 당시 세계 신기록을 갱신했다. 어떻게 17분 4초 동안이나 숨을 쉬지 않고 버틸 수 있었을까?

블레인의 TED 강연을 보면 그는 수중 탈출 마술을 하면서 숨 참기 훈련을 해오다가 2006년에 숨 참기 기록에 본격적으로 도전했다고 한다. 그러나 당시 공개적으로 도전했을 때 기록 도달에는 실패했다. 그는 그 실패를 바탕으로 다시 수많은 연구와 훈련을 했다. 매일 아침

숨 참기 훈련을 하고, 폐활량을 키우고, 심박동을 낮추는 등 저산소 환경에 적응하기 위한 훈련을 지속한 끝에 2년여 만에 새로운 기록을 달성하게 되었다.

그뿐만이 아니다. 투명 관에 묻혀서 1주일을 지내고, 런던 템스 강변에 설치된 유리 상자 속에서 44일간 단식을 벌이는 등 인간의 한계에 도전하는 일을 멈추지 않았다. 사람들은 그를 가리켜 '인내심 예술가endurance artist'라고 부른다. 과연 그의 의지력은 어디에서 나오는 것일까? 블레인의 이야기를 들어보자.

"마술사로서 나는 사람들에게 불가능해 보이는 것들을 보여주려고 노력한다. 숨을 참는 것이든, 카드를 섞는 것이든 마술은 아주 간단하다고 생각한다. 그것은 연습이고 훈련이며 실험이다. 내가 할 수 있는 최고를 위해서는 고통을 헤쳐나가야만 한다."

놀랄 정도의 그 의지력은 마술사라는 직업을 통해 단련되어온 결과였다. 그가 특별해서가 아니라 의지력은 근육과 같아서 훈련하면 강화된다. 건강한 성인이 되고 성장하는 삶을 위해서는 의지력을 잘 이해하고 발달시켜나가는 것이 꼭 필요하다. 의지력을 키우기 위해서 다음과 같이 노력해보자.

첫째, 잘 먹고 잘 자라

뇌의 에너지원은 포도당이므로 배가 고프면 의지력도 약해진다. 실제로 수많은 연구 결과에 따르면 아침을 먹는 학생들은 학교 성적이 높은 반면, 아침을 굶는 학생들은 쉽게 화를 내고 폭력적일 가능성이 더 높았다. 잠도 마찬가지다. 피곤한 상태에서는 뇌세포에 에너지 공급이 원활하지 않기 때문에 충분한 수면이 반드시 필요하다.[1]

둘째, 자신의 의지력이 부족함을 인정하라

중독이 자꾸 재발되는 것은 의지력을 너무 과신하기 때문이다. 예를 들어 알코올 중독자의 경우라면 '6개월가량 술을 끊었으니까 이제 한두 잔 정도는 괜찮겠지?'라는 생각이 바로 재발의 시초다. 부정적인 습관이나 충동에서 벗어나려고 한다면 앞으로 죽을 때까지 안 하겠다고 다짐하는 것보다는 오늘 하루 안 하겠다고 다짐하는 편이 낫다. 영원히 술을 끊겠다고 결심하는 사람들보다 '오늘 하루 술 안 마시기'를 목표로 노력하는 사람들이 금주에 성공한다. 뇌는 과부하가 걸리면 겁부터 집어먹기 때문이다.

셋째, 전전두엽의 기능을 강화하라

대표적인 활동은 운동, 명상, 이완, 기록 및 관찰 등이다. 먼저 이완을 위해 느리게 호흡하는 것이 좋다. 호흡을 길고 느리게 가다듬어 1분에 4~6회 정도만 숨을 쉬어보자. 이를 위해 날숨을 완전히 내쉬도록 하는 것이 좋다. 마치 빨대로 숨을 내쉰다고 상상하면서 느리게 숨을 내쉰다. 호흡을 느리게 하면 전전두엽 피질로 혈액량이 증가하고 심박 변이도가 증가한다. 이는 명상의 효과와 유사하다. 명상을 하면 전전두엽으로 공급되는 혈액량이 증가해 의지력이 강화된다.

명상이 자신과 잘 맞지 않는다면 충동 관찰 일지를 쓰는 것도 좋다. 음식 조절이 잘 안 된다면 식이 관찰 일지를, 분노 조절이 잘 안 된다면 분노 관찰 일지를 쓴다. 자신이 언제 어떤 상황에서 어떤 감정과 생각을 가지고 음식을 먹었거나 화를 냈는지를 구체적으로 기록해보는 것이다. 기록을 하면 더 깊이 관찰할 수 있게 되고, 관찰이 깊어지면 의지력은 저절로 강화된다. 특히 자신이 어떻게 의지력을 잃고 유혹에 굴복하는지 그 과정과 이유를 잘 살펴봐야 한다. 자신이 어떻게 무너지는지를 이해한다면 어떻게 대처할 수 있을지도 찾을 수 있다.

넷째, 주의를 전환하라

충동을 이겨내지 못할 것 같을 때는 안 하려고 노력하는 것이 아니라 다른 데 주의를 돌리는 것이 좋은 방법이다. 가급적이면 주의를 전환할 때는 충동을 느끼는 대상이나 공간에서 조금 떨어지는 것이 좋다. 흔한 주의 전환 방법으로는 물 한 컵 마시기와 같이 '중간 행동'을 만들거나 너무 단순하지만 몇 초 동안 주먹을 꽉 쥐는 것도 도움이 된다.

다섯째, 외부의 도움과 자기 절제의 도구를 활용하라

혼자서 절제를 하는 것보다는 함께하는 것이 더 쉽다. 함께 실천하면 훨씬 오래 지속할 수 있기 마련이다. 다만 타인이나 외부에 의지한다기보다는 활용한다고 생각하라. 스스로 할 수 있는 힘을 더 키우기 위해 외부의 구속을 적극적으로 이용하는 것이다. 마치 강을 건널 때 잠시 나룻배를 타고 건너가는 것과 같다.

여섯째, 의지력을 아껴라

의지력이 뛰어난 사람은 생활의 많은 부분이 규칙적인 습관으로 되어 있어 자동적으로 이루어지는 경우가 많다. 즉 바라는 행동을 하는데 굳이 의지력과 자기 절제가 필요하지 않아도 될 만큼 습관화되어 있기 때문에 더 필요한 부분에 의지력을 활용할 수 있다.

일곱째, 잠시 멈춤을 시도하라

관건은 반응이나 행동을 하지 않기보다는 우선 '잠시 멈춤'을 시도하는 것이다. 이를 위해 중간 행동을 넣는 것도 좋은 방법이다. 어떤 문제 행동이나 습관을 하기 전에 다른 중간 행동을 하는 것이다. 예를 들면 흡연 충동을 느낄 때 바로 담배를 피우는 것이 아니라 물 한 잔을 마시면 도움이 된다.

의지력을 훈련하라

의지력은 근육과 같아 훈련을 통해 키울 수 있다. 심리학자 로이 바우마이스터Roy Baumeister의 실험 결과에 따르면 의지력 훈련을 할 때는 작고 일상적인 훈련 과제를 통해 자기를 관찰하는 것이 효과적이다. 크고 어려운 과제는 오히려 의지력을 고갈시키기 때문에 비교적 쉬운 훈련을 지속하는 것이 매우 좋다.[2]

다음 3가지 과제 중 하나를 골라 2주간 꾸준히 해보자. 그리고 다시 난이도를 조정해서 1~2주 동안 의지력을 강화하는 목표 행동을 정하고 이를 실천해보자. 1~2주간의 간단한 의지력 훈련을 반복하는 것만으로도 효과를 느낄 수 있을 것이다.

1) 통제력 강화 훈련

별로 심각하지 않은 일상적인 문제 습관을 통제하고 이를 교정하기 위해 2주 동안 노력해본다. 예를 들어 욕하지 않기, 앉을 때 허리 펴고 앉기, 인터넷 뉴스 보지 않기 등을 시도해본다.

2) 긍정 의지력 강화 훈련

스스로 원하면서도 그리 어렵지 않은 행동을 가능한 매일 실천해본다. 예를 들어 5분 동안 심호흡하기, 전화 통화할 때 다른 일 하지 않기, 눈을 맞추고 상대방과 대화하기, 이메일 답장 빨리하기 등 사소한 행동이지만 자신에게 필요한 행동을 실천한다.

3) 행동 관찰 훈련

충동을 이기려고 하지 말고 내외부 상황에서 어떤 충동이 떠오르는지 먼저 관찰한다. 자신이 어떻게 충동에 굴복하는지 주의 깊게 살펴보는 것이 중요하다. 충동과 자신의 반응을 인식하는 능력이 향상되면 자연스럽게 의지력도 향상된다. 평소 관심을 두지 않았던 행동을 관찰하고 기록해본다. 예를 들어 하루 중 먹는 음식, 지출 내역, TV나 인터넷 사용 시간, 수면 시간 등 자신의 행동을 꾸준히 관찰하고 기록해본다.

참고문헌

부분적으로 인용한 도서나 자료는 각주를 달아 표시했다. 하지만 전체적으로 영감을 받고 도움을 많이 받은 책들은 특정 부분을 표시하기 어려워 별도로 기록한다.

1 에드워드 L. 데시 & 리처드 플래스트,《마음의 작동법》(2011), 에코의 서재.
2 존 마셜 리브,《동기와 정서의 이해》(2011), 박학사.
3 캐롤 S. 드웩,《성공의 심리학》(2006), 부글북스.
4 신희경 외,《학습자의 동기유발을 위한 교육심리학》(2009), 신정.
5 김아영,《학업동기》(2010), 학지사.

1장 나는 스스로 살아가고 있는가

1 《세계 인구 현황 보고서》, 한국어판, 2013년.
2 Packaged Facts Research Reports, Singles in the U.S. : The New Nuclear Family, 2007.
3 한병철,《피로사회》(2012), 문학과지성사.
4 에리히 프롬,《소유냐 존재냐》(1996), 까치글방, pp. 123~136.
5. '나 합격증 받았어' 인터뷰,《오마이 뉴스》, 2005. 9. 6.
6. Jeffrey Arnett, Emerging Adulthood : a theory of development from the late teens through the twenties, *American Psychologist*, May 2000, vol. 55. No. 5.
7 경제활동 인구조사 마이크로 데이터, 통계청, 2012.
8 천경수 외,《머뭇거리지 말고 시작해》(2005), 샘터.
9 Ian Hunt, *Being the Best You Can Be : A Guide on Personal Development for Managers*, 2006, p. 87.
10 구본형,《나는 이렇게 될 것이다》(2013), 김영사.
11 안은미 · 신동욱 외, The impact of awareness of terminal illness on quality of death and care decision making, *psycho-oncology*, vol. 22, 2013.
12 대니얼 네틀,《행복의 심리학》(2006), 와이즈북, pp. 109~115.
13 Gary D. Sherman & Jooa J. Leea, et al., *Leadership is associated with lower levels of stress*, Proceedings of National Academy of Sciences, October 30. 2012, vol. 109, No. 44.
14 Judith Rodin & Ellen Langer, Long-term effects of a control-relevant intervention with the institutionalized aged, *Journal of Personality and Social Psychology*, vol 35(12), 1977.

2장 결정도 연습이 필요하다

1 Iyengar S. & Lepper M., When choice is demotivating : Can one desire too much of a good thing?, *Journal of Personality and Social Psychology*, 2000.
2 삼성생명 공익재단 사회정신건강연구소, 〈한국인의 정체성에 관한 연구〉, 연구보고서 제2007-1호, 2007.
3 Asch, S. E.(1951), *Effects of group pressure on the modification and distortion of judgments*, In H.

Guetzkow(Ed.), Groups, leadership and men, Pittsburgh, Pa.: Carnegie Press, pp. 177~190.

4 Asch, S. E.(1956), Studies of independence and conformity, A minority of one against a unanimous majority, *Psychological Monographs*, 70(9), pp. 1~70.

5 Jon Sutton, When psychologists become builders, *The Psychologist*, August 2012, vol. 25, part 8.

6 버니 S. 시걸, 《사랑+의술=기적》(2002), 이레.

3장 가치를 부여하는 순간 특별해진다

1 Antonio Damasio, *Descartes' Error : Emotion, Reason and the Human Brain*, Penguin Books, 2005.

2 에드워드 L. 데시 · 리처드 플래스트, 《마음의 작동법》(2011), 에코의서재.

3 드라흐텐 - 교통신호등이 사라진 거리, 《한국일보》, 2010. 10. 10.

4 캐롤 S. 드웩, 《학습동기를 높여주는 공부원리》(2008), 학지사.

4장 결심을 성취로 이끄는 힘

1 로이 F. 바우마이스터 · 존 티어니, 《의지력의 재발견》(2012), 에코리브르, pp. 11~12.

2 켈리 맥고니걸, 《왜 나는 항상 결심만 할까?》(2012), 알키, pp. 59~76.

3 Terrie E. Moffitt et al., A gradient of childhood self-control predicts health, wealth, and public safety, *PNAS(Proceedings of National Academy of Sciences)*, February 15, 2011, vol. 108, no. 7.

4 Raymond N. Wolfe & Scott D. Johnson, Personality as a predictor of college performance, *Educational and Psychological Measurement*, April 1995 ; vol 55.

5 직장인 새해 결심은 작심 11일, 《연합뉴스》, 2008. 2. 5.

6 Claire E. Adams & Mark R. Leary, Promoting Self-compassionate attitude toward eating among restricted & guilty eaters, *Journal of Social and Clinical Psychology*, vol. 26, No. 10, 2007, pp. 1120~1144.

5장 위대한 사람처럼 대하라

1 《고려대 Today》 2010년 가을 42호 인터뷰 기사.

2 신희경 외, 《학습자의 동기유발을 위한 교육심리학》(2009), 신정, pp. 229~231.

3 멜 레빈, 《내 아이에겐 분명 문제가 있다》(2003), 소소.

4 테레사 에머빌의 인터뷰, 《조선비즈》, 2013. 8. 24.

5 Am J Epidemiology, host resistance, and mortality : a nine-year follow-up study of Alameda Country Residents, *Social networks*, Feb; 109, 1979, pp. 186~204.

6 강현희, 〈자율경영도 관리된다〉, LG경제연구원, 1996. 8. 29.

6장 스스로 살아가기 위한 5가지 법칙

1 켈리 맥고니걸, 《왜 나는 항상 결심만 할까?》(2012), 알키, pp. 106~115.

2 로이 F. 바우마이스터 · 존 티어니, 《의지력의 재발견》(2012), 에코리브르, pp. 167~177.